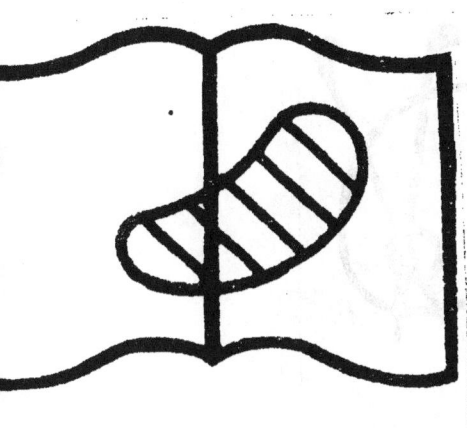

Illisibilité partielle

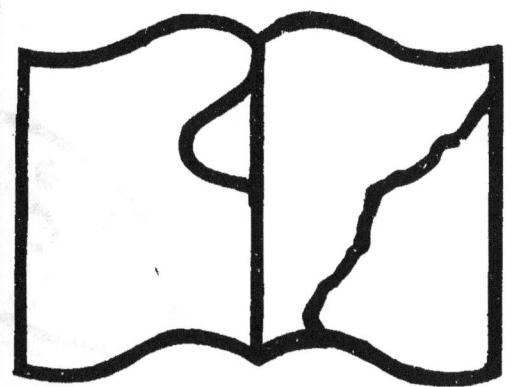

Texte détérioré — reliure défectueuse
NF Z 43-120-11

VALABLE POUR TOUT OU PARTIE
DU DOCUMENT REPRODUIT

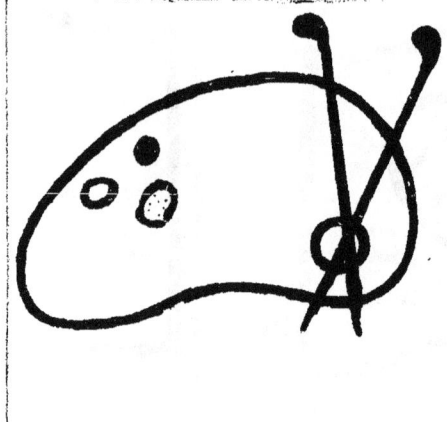

Original en couleur
NF Z 43-120-8

COUVERTURE INFERIEURE D'IMPRIMEUR.

Couverture supérieure manquante

COLLECTION MICHEL LÉVY

ŒUVRES COMPLÈTES
D'ALEXANDRE DUMAS

EMMA LYONNA

V

ŒUVRES COMPLÈTES D'ALEXANDRE DUMAS
PUBLIÉES DANS LA COLLECTION MICHEL LÉVY

Acté.................. 1
Amaury............... 1
Ange Pitou........... 2
Ascanio.............. 2
Une Aventure d'amour. 1
Aventures de John Davys 2
Les Baleiniers........ 2
Le Bâtard de Mauléon. 3
Black................. 1
Les Blancs et les Bleus. 3
La Bouillie de la comtesse Berthe........ 1
La Boule de neige.... 1
Bric-à-Brac........... 2
Un Cadet de famille.. 3
Le Capitaine Pamphile. 1
Le Capitaine Paul..... 1
Le Capitaine Rhino... 1
Le Capitaine Richard. 1
Catherine Blum....... 1
Causeries............. 2
Cécile................ 1
Charles le Téméraire.. 2
Le Chasseur de sauvagine............. 1
Le Château d'Eppstein. 2
Le Chev. d Harmental. 2
Le Chevalier de Maison-Rouge 2
Le Collier de la reine.. 3
La Colombe.......... 1
Les Compagnons de Jéhu................ 3
Le Comte de Monte-Cristo.............. 6
La Comtesse de Charny. 6
La Comtesse de Salisbury............... 2
Les Confessions de la marquise.......... 2
Conscience l'innocent.. 2
Création et rédemption:
— Le Docteur mystérieux................ 2
— La Fille du marquis 2
La Dame de Monsoreau 3
La Dame de Volupté.. 2
Les Deux Diane...... 3
Les Deux Reines..... 2
Dieu dispose......... 2
Les Drames galants —
La Marquise d'Escoman.............. 1
Le Drame de Quatre-Vingt-Treize....... 1
Les Drames de la mer. 1
Emma Lyonna........ 5

La Femme au collier de velours........ 1
Fernande............ 1
Une Fille du régent.. 1
Filles, Lorettes et Courtisanes 1
Le Fils du forçat..... 1
Les Frères corses.... 1
Gabriel Lambert..... 1
Les Garibaldiens..... 1
Gaule et France..... 1
Georges............. 1
Gil Blas en Californie. 1
Les Grands Hommes en robe de chambre:
— César............ 2
— Henri IV, Richelieu, Louis XIII........ 2
La Guerre des femmes. 2
Histoire d'un casse-noisette............ 1
L'Homme aux Contes. 1
Les Hommes de fer... 1
L'Horoscope......... 1
L'Ile de feu.......... 2
Impressions de voyage:
— Une année à Florence............. 1
— L'Arabie Heureuse 3
— Les bords du Rhin. 1
— Le Capitaine Arena 3
— Le Caucase...... 3
— Le Corricolo..... 2
— Le Midi de la France........... 2
— De Paris à Cadix. 2
— Quinze jours au Sinaï........... 2
— En Russie....... 4
— En Suisse....... 1
— Le Speronare.... 2
— La Villa Palmieri. 1
— Le Véloce....... 2
Ingénue............. 2
Isabel de Bavière.... 2
Italiens et Flamands.. 2
Ivanhoe de Walter Scott (trad)....... 1
Jacques Ortis........ 1
Jacquot sans Oreilles. 1
Jane................ 1
Jehane la Pucelle.... 1
Louis XIV et son Siècle. 4
Louis XV et sa Cour.. 2
Louis XVI et la Révolution.............. 2

Les Louves de Machecoul.............. 3
Madame de Chambiay. 2
La Maison de glace.. 2
Le Maître d'armes... 1
Les Mariages du père Olifus............. 1
Les Médicis......... 1
Mes Mémoires...... 10
Mémoires de Garibaldi. 2
Mémoires d'une aveugle 2
Mém. d'un médecin:
J. Balsamo....... 5
Le Meneur de loups... 1
Les Mille et un Fantômes............. 1
Les Mohicans de Paris. 4
Les Morts vont vite... 2
Napoléon........... 1
Une Nuit à Florence.. 1
Olympe de Clèves..... 3
Le Page du duc de Savoie.............. 2
Parisiens et Provinciaux 2
Le Pasteur d'Ashbourn. 2
Pauline et Pascal Bruno 1
Un Pays inconnu..... 1
Le Père Gigogne..... 2
Le Père la Ruine..... 1
Le Prince des Voleurs. 2
La Princesse de Monaco 1
La Princesse Flora... 1
Les Quarante-Cinq... 3
La Régence......... 1
La Reine Margot..... 4
Robin Hood le proscrit. 2
La Route de Varennes. 1
Le Salteador........ 1
Salvator (suite et fin des Mohicans de Paris). 5
La San-Felice....... 4
Souvenirs d'Antony... 1
Les Stuarts......... 1
Sultanetta.......... 1
Sylvandire.......... 1
La Terreur prussienne. 2
Le Testament de M. Chauvelin.......... 1
Théâtre Complet.... 25
Trois Maîtres....... 1
Les Trois Mousquetaires............. 2
Le Trou de l'Enfer... 1
La Tulipe noire..... 1
Le Vte de Bragelonne. 6
La Vie au désert..... 1
Une Vie d'artiste.... 1
Vingt ans après..... 3

F. AUREAU. — IMPRIMERIE DE LAGNY

EMMA LYONNA

PAR

ALEXANDRE DUMAS

V

PARIS
CALMANN LÉVY, ÉDITEUR
ANCIENNE MAISON MICHEL LÉVY FRÈRES
RUE AUBER, 3, ET BOULEVARD DES ITALIENS, 15
A LA LIBRAIRIE NOUVELLE

—

1876

Droits de reproduction et de traduction réservés

EMMA LYONNA[1]

LXXXIII

L'APPARITION

L'exécution de Caracciolo répandit dans Naples une consternation profonde. A quelque parti que l'on appartînt, on reconnaissait, dans l'amiral, un homme à la fois considérable par la naissance et par le génie; sa vie avait été irréprochable et pure de toutes ces souillures morales dont est si rarement exempte la vie d'un homme de cour. Il est vrai que Caracciolo n'avait été un homme de cour que dans ses moments perdus, et, dans ces moments-là, on l'a vu, il avait essayé de défendre la royauté avec autant de franchise et de courage qu'il avait défendu depuis la patrie.

Cette exécution fut, surtout pour les prisonniers

sous les yeux desquels elle avait eu lieu, un terrible spectacle. Ils y virent leur propre sentence, et, lorsque, au coucher du soleil, ainsi que le portait le jugement, la corde fut coupée et que ce cadavre, sur lequel tous les yeux étaient fixés, n'étant plus soutenu par rien, plongea dans la mer rapidement, entraîné par les boulets qu'on lui avait attachés aux pieds, un cri terrible, parti de la bouche des prisonniers, s'échappa de tous les bâtiments, et, courant à la surface des flots comme la plainte de l'esprit de la mer, eut son écho dans les flancs mêmes du *Foudroyant*.

Le cardinal ignorait tout ce qui venait de se passer dans cette terrible journée, non-seulement le procès, mais encore l'arrestation de Caracciolo. — Nelson, on l'a vu, avait eu grand soin de se faire amener le prisonnier par le Granatello, défendant expressément de le faire passer par le camp de Ruffo; car, à coup sûr, le cardinal n'eût point permis qu'un officier anglais, avec lequel, d'ailleurs, il était depuis quelques jours en complète dissidence sur un point d'honneur aussi important que celui des traités, mît la main sur un prince napolitain, ce prince napolitain fût-il son ennemi; à plus forte raison sur Caracciolo, avec lequel il avait fait une espèce d'alliance sinon offensive, du moins défensive

On se rappelle, en effet, qu'en se quittant sur la plage de Cotona, le cardinal et le prince s'étaient promis de se sauvegarder l'un l'autre, et, à cette époque où l'on ne pouvait rien préjuger sur l'avenir, à moins d'être doué de l'esprit prophétique, on pouvait aussi bien penser que ce serait le prince qui sauvegarderait Ruffo, que Ruffo qui sauvegarderait le prince.

Cependant, aux coups de canon tirés à bord du *Foudroyant,* et à la vue d'un cadavre suspendu à la vergue de misaine, on était accouru dire au cardinal qu'une exécution venait, sans aucun doute, d'avoir lieu à bord de la frégate *la Minerve.* Entraîné alors par un simple mouvement de curiosité, le cardinal monta sur la terrasse de sa maison. Il vit, à l'œil nu, en effet, un cadavre qui se balançait en l'air, et envoya chercher une longue-vue. Mais, depuis que le cardinal avait quitté Caracciolo, celui-ci avait laissé pousser ses cheveux et sa barbe, ce qui, à cette distance surtout, le rendait méconnaissable à ses yeux. En outre, Caracciolo, pendu dans les habits sous lesquels il avait été pris, était vêtu en paysan. Le cardinal pensa donc que ce cadavre était celui de quelque espion qui s'était laissé prendre ; et, sans plus se préoccuper de cet incident, il allait redescendre dans son cabinet, lorsqu'il vit une barque se détacher des flancs de *la Minerve* et s'avancer directement vers lui.

Cet incident le maintint à sa place.

Au fur et à mesure que la barque s'approchait, le cardinal demeurait convaincu que c'était à lui que l'officier qui la montait avait affaire. Cet officier portait l'uniforme de la marine napolitaine, et, quoiqu'il eût été difficile au cardinal d'appliquer un nom à son visage, ce visage ne lui était pas tout à fait inconnu.

Arrivé à quelques pas de la plage, l'officier, qui, depuis longtemps, de son côté, avait reconnu le cardinal, le salua respectueusement et lui montra le pli qu'il portait.

Le cardinal descendit et se trouva en même temps que le messager à la porte de son cabinet.

Le messager s'inclina, et, présentant le papier au cardinal :

— A Votre Éminence, dit-il, de la part de Son Excellence le comte de Thurn, capitaine de la frégate *la Minerve*.

— Y a-t-il une réponse, monsieur? demanda le cardinal.

— Non, Votre Éminence, répondit l'officier.

Et, s'inclinant, il se retira.

Le cardinal demeura assez étonné, son papier à la

main. La faiblesse de sa vue le forçait à rentrer dans son cabinet pour en prendre lecture. Il eût pu rappeler l'officier et l'interroger ; mais celui-ci avait répondu, avec un désir visible de se retirer : « Il n'y a point de réponse. » Il le laissa donc continuer son chemin, rentra dans son cabinet, appela des lunettes au secours de ses mauvais yeux, ouvrit la lettre et lut :

Rapport à Son Éminence le cardinal Ruffo sur l'arrestation, le jugement, la condamnation et la mort de François Caracciolo.

Le cardinal ne put retenir un cri dans lequel il y avait plus d'étonnement que de douleur : il croyait avoir mal lu.

Il relut ; puis l'idée lui vint alors que ce cadavre qu'il avait vu flotter à la pointe d'une vergue, au bout d'une corde, était celui de l'amiral Caracciolo.

— Oh ! murmura-t-il en laissant tomber son bras inerte le long de son corps, où en sommes-nous, si les Anglais viennent pendre les princes napolitains jusque dans le port de Naples ?

Puis, après un instant, s'asseyant à son bureau et ramenant de nouveau la lettre sous ses yeux, il lut :

« Éminence,

» Je dois faire savoir à Votre Éminence que j'ai

reçu ce matin, de l'amiral lord Nelson, de me porter immédiatement à bord de son bâtiment accompagné des cinq officiers de mon bord. J'ai accompli aussitôt cet ordre, et, en arrivant à bord du *Foudroyant*, j'ai reçu l'invitation par écrit de former sur le vaisseau même un conseil de guerre pour y juger le chevalier don Francesco Caracciolo, accusé de rébellion envers Sa Majesté, notre auguste maître, et de porter une sentence sur la peine encourue par son délit. Cette invitation a été suivie immédiatement, et un conseil de guerre a été formé dans le carré des officiers dudit vaisseau. J'y ai, en même temps, fait amener le coupable. Je l'ai d'abord fait reconnaître par tous les officiers comme étant bien l'amiral ; ensuite, je lui ai fait lire les charges réunies contre lui et lui ai demandé s'il avait quelque chose à dire pour sa défense. Il a répondu que *oui;* et, toute liberté lui ayant été donnée de se défendre, ses défenses se sont bornées à la dénégation d'avoir volontairement servi l'imfâme République et à l'affirmation qu'il ne l'avait fait que contraint et forcé et sous la menace positive de le faire fusiller. Je lui ai adressé ensuite d'autres demandes, en réponse desquelles il n'a pu nier qu'il n'eût combattu en faveur de la soi-disant République contre les armées de Sa Majesté. Il a avoué aussi avoir dirigé l'attaque des chaloupes canonnières qui s'est opposée à l'entrée des troupes de Sa Majesté à Naples ; mais il a déclaré qu'il ignorait que ces troupes fussent conduites par le cardinal, et qu'il les regardait simplement comme des bandes d'insurgés. Il a, en outre, avoué avoir donné par écrit des ordres tendants à s'opposer à la marche de l'armée royale. Enfin, interrogé pourquoi, puisqu'il servait contre sa volonté, il n'avait point essayé de se réfugier à Procida, ce qui était, en même temps, un moyen de se rallier au gouvernement légitime et d'échapper au gouvernement usurpateur, il a répondu qu'il n'avait point pris ce parti dans la crainte d'être mal reçu.

» Éclairé sur ces divers points, le conseil de guerre, à la majorité des voix, a condamné François Caracciolo non-seulement à la peine de mort, mais encore à une mort ignominieuse.

» Ladite sentence ayant été présentée à milord Nelson, il a approuvé la condamnation et ordonné qu'à cinq heures de ce même jour la sentence fût mise à exécution, en pendant le condamné à la vergue de misaine et en l'y laissant pendu jusqu'au coucher du soleil, heure à laquelle la corde serait coupée et le corps jeté à la mer.

» Ce matin, à midi, j'ai reçu cet ordre ; à une heure et demie, le coupable, condamné, était transporté à bord de *la Minerve* et mis en chapelle, et, à cinq heures du soir, la sentence était accomplie selon l'ordre qui en avait été donné.

» Je m'empresse, pour remplir mon devoir, de vous faire cette communication, et, avec le profond respect que je vous ai voué, j'ai l'honneur d'être,

» De Votre Éminence,
» Le très-dévoué serviteur,
» Comte DE THURN. »

Ruffo, atterré, relut deux fois la dernière phrase. Cette communication était-elle l'accomplissement d'un devoir, ou simplement une insulte.

En tout cas, c'était un défi.

Ruffo y vit une insulte.

En effet, seul, comme vicaire général, seul, comme *alter ego* du roi, Ruffo avait le droit de vie et de mort dans le royaume des Deux-Siciles. D'où venait donc que cet intrus, cet étranger, cet Anglais, dans le port de Naples, sous ses yeux, pour le défier sans doute, — après avoir déchiré la capitulation, après avoir, à l'aide d'une équivoque indigne d'un soldat loyal, fait conduire sous le feu des vaisseaux les tartanes qui portaient les prisonniers, — condamnait à mort, et à une mort infâme, un prince

napolitain, plus grand que lui par la naissance, égal
à lui par la dignité ?

Qui avait donné à ce juge improvisé de pareils pouvoirs?

En tout cas, si ces pouvoirs avaient été donnés à un autre, les siens étaient annulés.

Il est vrai que les gibets étaient dressés à Ischia; mais lui, Ruffo, n'avait rien à faire avec les îles. Les îles n'avaient point, comme Naples, été reconquises par lui; elles l'avaient été par les Anglais. Il n'y avait point de traité avec les îles. Enfin, le bourreau de Procida, Speciale, était un juge sicilien envoyé par le roi, et qui, conséquemment, condamnait légalement au nom du roi.

Mais Nelson, sujet de Sa Majesté Britannique George III, comment pouvait-il condamner au nom de Sa Majesté Sicilienne Ferdinand Ier ?

Ruffo laissa tomber sa tête dans sa main. Un instant, tout ce que nous venons de dire se heurta et bouillonna dans son cerveau; puis, enfin, sa résolution fut prise. Il saisit une plume, et écrivit au roi la lettre suivante :

A Sa Majesté le roi des Deux-Siciles.

« Sire,

» L'œuvre de la restauration de Votre Majesté est accomplie, et j'en bénis le Seigneur.

» Mais c'est à la suite de beaucoup de peines et de longues fatigues que cette restauration s'est accomplie.

» Le motif qui m'avait fait prendre la croix d'une main et l'épée de l'autre n'existe plus.

» Je puis donc — je dirai plus — je dois donc rentrer dans cette obscurité dont je ne suis sorti qu'avec la conviction de servir les desseins de Dieu et dans l'espérance d'être utile à mon roi.

» D'ailleurs, l'affaiblissement de mes facultés physiques et morales m'en fait un besoin, quand ma conscience ne m'en ferait pas un devoir.

» J'ai donc l'honneur de supplier Votre Majesté de vouloir bien accepter ma démission.

» J'ai l'honneur d'être avec un profond respect, etc.

» F. cardinal RUFFO. »

A peine cette lettre était-elle expédiée à Palerme par un messager sûr et qui était autorisé à requérir au besoin la première barque venue pour passer en

Sicile, qu'il fut donné au cardinal avis de la publication de la note de Nelson, note dans laquelle l'amiral anglais accordait vingt-quatre heures aux républicains de la ville, et quarante-huit à ceux des environs de la capitale, pour faire leur soumission au roi Ferdinand.

Au premier regard qu'il jeta sur cette note, il reconnut celle qu'il avait refusé à Nelson de faire imprimer. Cette note, comme tout ce qui sortait de la plume de l'amiral anglais, portait le caractère de la violence et de la brutalité.

En lisant cette note et en voyant le pouvoir que s'y attribuait Nelson, le cardinal se félicita d'autant plus d'avoir envoyé sa démission.

Mais, le 3 juillet, il recevait de la reine cette lettre, qui lui annonçait que sa démission était refusée :

« J'ai reçu et lu avec le plus grand intérêt et la plus profonde attention la très-sage lettre de Votre Éminence, en date du 29 juin.

» Tout ce que je pourrais dire à Votre Éminence des sentiments de gratitude dont mon cœur sera éternellement rempli à son égard resterait de beaucoup au-dessous de la vérité. J'apprécie ensuite ce que Votre Éminence me dit à l'endroit de sa démission et de son désir de repos. Mieux que personne, e sais combien la tranquillité est chose désirable, et combien ce calme devient précieux après avoir vécu au milieu des agitations et de l'ingratitude que porte avec soi le bien que l'on fait.

» Elle l'éprouve depuis quelques mois seulement, Votre Éminence : qu'elle sache donc combien je dois être plus fatiguée, moi qui l'éprouve depuis vingt-deux ans! Non, quoi que dise Votre Éminence, je ne puis admettre son affaiblissement; car, quel que soit son dégoût, les admirables actions qu'elle a accomplies et la série de lettres à moi écrites avec tant de finesse et de talent prouvent, au contraire, toute la force et toute la puissance de ses facultés. C'est donc à moi, au lieu d'accepter cette fatale démission donnée par Votre Éminence dans un moment de fatigue, d'éperonner, au contraire, votre zèle, votre intelligence et votre cœur à terminer et à consolider l'œuvre si glorieusement entreprise par vous, et à la poursuivre en rétablissant l'ordre à Naples, sur une base si sûre et si solide, que, du terrible malheur qui nous est arrivé, naisse un bien et une amélioration pour l'avenir, et c'est ce que me fait espérer le génie actif de Votre Éminence.

» Le roi part demain soir avec le peu de troupes qu'il a pu réunir. De vive voix, beaucoup de choses s'éclairciront qui restent obscures par écrit. Quant à moi, j'éprouve une peine horrible à ne pas pouvoir accompagner le roi. Mon cœur eût été bien joyeux de voir son entrée à Naples. Entendre les acclamations de cette partie de son peuple qui lui est restée fidèle serait un baume infini pour mon cœur et adoucirait cette cruelle blessure dont je ne guérirai jamais. Mais mille réflexions m'ont retenue, et je reste ici pleurant et priant pour que Dieu illumine et fortifie le roi dans cette grande entreprise. Beaucoup de ceux qui accompagnent le roi vous porteront de ma part l'expression de ma vraie et profonde reconnaissance, ainsi que ma sincère admiration pour toute la miraculeuse opération que vous avez accomplie.

» Je suis trop sincère cependant pour ne pas dire à Votre Éminence que cette capitulation avec les rebelles m'a souverainement déplu, et surtout après ce que je vous avais écrit et d'après ce que je vous avait dit. Aussi me suis-je tue là-dessus, ma sincérité ne me permettant pas de vous complimenter. Mais, aujourd'hui, tout est fini pour le mieux, et, comme je l'ai déjà dit à Votre Éminence, de vive voix, tout s'expliquera et, je l'espère, aura bonne fin, tout ayant été fait pour le plus grand bien et la plus grande gloire de l'État.

» J'oserai, maintenant que Votre Éminence a un

peu moins de travail à faire, la prier de m'entretenir régulièrement de toutes les choses importantes qui arriveront, et elle peut compter sur ma sincérité à lui en dire mon avis. Une seule chose me désespère, c'est de ne pouvoir l'assurer de vive voix de la vraie, profonde et éternelle reconnaissance et estime avec laquelle je suis, de Votre Éminence,

» La sincère amie,

» CAROLINE. »

D'après ce que nous avons démontré à nos lecteurs, par tous les détails précédents, par les lettres des augustes époux que l'on a déjà lues, par celles de la reine que l'on vient de lire, il est facile de voir que le cardinal Ruffo, auquel un sentiment de droiture nous entraîne à rendre justice, a été, dans cette terrible réaction de 1799, le bouc émissaire de la royauté. Le romancier a déjà corrigé quelques-unes des erreurs des historiens : — *erreurs intéressées* de la part des écrivains royalistes, qui ont voulu le rendre responsable, aux yeux de la postérité, des massacres commis à l'instigation d'un roi sans cœur et d'une reine vindicative ; — *erreurs innocentes* de la part des écrivains patriotes, qui, ne possédant point les documents que la chute d'un trône pouvait seule mettre dans les mains d'un écrivain impartial, n'ont point osé faire peser sur deux têtes couronnées une si terrible imputation, et leur ont cherché non-seulement un complice, mais encore un instigateur.

Maintenant, reprenons notre récit. Non-seulement nous ne sommes point à la fin, mais à peine sommes-nous au commencement de la honte et du sang.

LXXXIV

CE QUI EMPÊCHAIT LE COLONEL MEJEAN DE SORTIR DU FORT SAINT-ELME AVEC SALVATO, PENDANT LA NUIT DU 27 AU 28 JUIN.

On se rappelle que, peu confiants, non pas dans la parole de Ruffo, mais dans l'adhésion de Nelson, Salvato et Luisa étaient allés chercher un refuge au château Saint-Elme, et l'on n'a point oublié que ce refuge avait été accordé par le comptable Mejean moyennant la somme de vingt-cinq mille francs par personne.

Salvato, on se le rappelle encore, dans un voyage rapide qu'il avait fait à Molise, avait réalisé une somme de deux cent mille francs.

Sur cette somme, cinquante mille francs, à peu près, avaient passé dans l'organisation de ses volontaires calabrais, dans les dépenses que les besoins des plus pauvres avaient nécessitées, dans l'aide donnée aux blessés et dans les gratifications accordées aux serviteurs qui leur avaient rendu des soins pendant leur séjour au Château-Neuf.

Cent vingt-cinq mille francs, comme l'avait écrit Salvato à son père, avaient été enterrés, dans une cassette, au pied du laurier de Virgile, près de la grotte de Pouzzoles.

Au moment de se séparer de Michele, qui avait suivi le sort de ses compagnons et qui s'était embarqué à bord des tartanes, Salvato avait fait accepter au jeune lazzarone, afin qu'il ne se trouvât point complétement dénué sur la terre étrangère, une somme de trois mille francs.

Il restait donc à Salvato, au moment où il se réfugia au fort Saint-Elme, une somme de vingt-deux à vingt-trois mille francs.

Son premier acte, au moment où il vint demander, au prix de quarante mille francs, l'hospitalité convenue entre le commandant du château Saint-Elme et lui, fut de remettre au colonel Mejean la moitié de la somme arrêtée, c'est-à-dire vingt mille francs, en lui promettant le reste pour la nuit même.

Le colonel Mejean compta les vingt mille francs avec le plus grand soin, et, comme le compte s'y trouvait, le colonel installa Salvato et Luisa dans les deux meilleures chambres du château, après avoir enfermé les vingt mille francs dans le tiroir de son bureau.

Le soir venu, Salvato annonça au colonel Mejean qu'il serait obligé de faire une course de nuit. Il le priait, en conséquence, de lui donner le mot d'ordre, afin de pouvoir rentrer au château quand le but de cette course serait rempli.

Mejean répondit que Salvato, militaire, devait connaître mieux que personne la rigidité des règlements militaires; qu'il lui était impossible de confier à qui que ce fût un mot d'ordre qui, tombé dans une oreille infidèle, pouvait compromettre la sûreté du fort; mais, devinant pourquoi Salvato demandait à quitter momentanément le fort, il ajouta qu'il pouvait faire accompagner Salvato d'un de ses officiers, ou, s'il préférait sa compagnie, l'accompagner lui-même.

Salvato répondit que la compagnie du colonel Mejean lui était on ne peut plus agréable, et que, si le colonel Mejean était libre, cette course aurait lieu la nuit même.

La chose était impossible, le lieutenant-colonel

auquel la garde du château devait être confiée ne devant revenir que dans la journée du surlendemain.

Le colonel ajouta fort galamment, au reste, que, si c'était pour le payement des vingt mille francs, il pouvait, ayant un gage vivant entre les mains, et la moitié du prix convenu étant donnée d'avance, il pouvait attendre quelques jours.

Salvato répondit que les bons comptes faisaient les bons amis, et que plus tôt il pourrait donner au colonel les vingt-mille francs restants, mieux vaudrait pour tous deux.

La vérité était que le colonel Mejean avait réservé la prochaine nuit à un négociation personnelle.

Il voulait tenter auprès du cardinal Ruffo une seconde ouverture, et, en conséquence, lui avait fait demander un sauf-conduit pour un de ses officiers, chargé de nouvelles propositions pour la reddition du fort.

Cet officier, c'était lui-même.

On ne nous accusera point de ménager nos compatriotes. Il s'est trouvé, du commissaire Feypoult au colonel Mejean, dans toute cette affaire de la conquête de Naples, quelques misérables comme les bureaux en dégorgent toujours à la suite des armées ; et, de même que nous avons glorifié ceux qui avaient droit à la gloire, il faut que nous jetions la honte à la face de ceux qui n'ont droit qu'à la honte.

Le devoir du cardinal Ruffo était d'accueillir toutes les ouvertures ayant pour but de ménager l'effusion du sang. Il envoya donc, à l'heure convenue, c'est-à-dire à dix heures du soir, le marquis Malaspina, porteur du sauf-conduit, et lui donna une escorte de dix hommes pour le faire respecter.

Le colonel Mejean revêtit un habit bourgeois, se donna à lui-même pleins pouvoirs pour traiter, et, sous le titre de secrétaire du commandant du fort, suivit le marquis Malaspina et ses dix hommes.

A onze heures, après être descendu par l'Infrascata, la rue Floria et la route de l'Arenaccia, jusqu'au pont de la Madeleine, le faux secrétaire arrivait à la maison du cardinal et était introduit près de Son Éminence.

Cette entrevue avait lieu — forcé que nous sommes de revenir en arrière par les divers embranchements des nombreux épisodes de notre histoire — dans la nuit du 27 au 28 juin, avant que le cardinal connût le manque de foi de Nelson, mais quand, au contraire, ayant reçu dans la journée, des capitaines Troubridge et Ball, l'assurance que l'amiral ne s'opposait point à l'embarquement, il croyait encore à la fidèle observance des traités.

Seulement, nous l'avons dit, le colonel Mejean avait déjà fait une première tentative auprès du cardinal, tentative qui avait été repoussée par cette simple réponse : « Je fais la guerre avec du fer et non avec de l'or ! »

Le cardinal Ruffo, déjà prévenu contre Mejean, fit donc médiocre visage à son secrétaire, ou plutôt, sans s'en douter, à lui-même :

— Eh bien, monsieur, lui dit-il, êtes-vous chargé de me faire de vive voix des propositions, je ne dirai pas plus raisonnables, mais plus militaires que celles qui m'avaient été faites par écrit, et auxquelles vous connaissez sans doute ma réponse ?

Mejean se mordit les lèvres.

— Mes propositions, c'est-à-dire celles du colonel Mejean, que j'ai l'honneur de représenter près de Votre Éminence, dit-il, ont deux faces : l'une spécifique, et par laquelle l'humanité m'ordonne de débuter ; l'autre militaire, à laquelle le colonel ne recourra qu'à la dernière extrémité, mais à laquelle il recourra si Votre Éminence l'y force.

— J'écoute, monsieur.

— Mes collègues, ou plutôt les collègues du colonel Mejean, le commandant Massa et le commandant L'Aurora, ont traité et ont fait et obtenu les conditions que des rebelles pouvaient faire et doivent être trop contents d'avoir obtenues. Mais il n'en est point ainsi du colonel Mejean : ce n'est point un rebelle, c'est un ennemi, et un ennemi puissant, puisqu'il représente la France. S'il traite, il a donc droit à une meilleure capitulation que celle de MM. L'Aurora et Massa.

— C'est trop juste, répondit le cardinal, et voici celle que j'offre : Les Français sortiront du fort Saint-Elme tambours battants, mèche allumée, avec tous les honneurs de la guerre, et se réuniront à leurs compatriotes, encore en garnison à Capoue et à Gaete, sans aucun engagement qui enchaîne leur libre arbitre.

— Je ne vois pas là une grande amélioration sur le traité fait entre Votre Éminence et les commandants Massa et L'Aurora ; eux aussi sortaient tambours battants, mèche allumée, et avaient droit de rester à Naples ou de se retirer en France.

— Oui ; mais, sur la plage, avant de s'embarquer, ils déposaient les armes.

— Simple formalité, Votre Éminence en conviendra. Qu'eussent fait de leurs armes des bourgeois révoltés partant pour l'exil ou restant chez eux ?

— Alors, chez vous, monsieur, il me semble du moins, répliqua le cardinal, la question d'orgueil militaire est complétement mise de côté ?

— C'est la question avec laquelle on dirige les fanatiques et les sots. Les hommes intelligents, — et Votre Éminence ne trouvera point mauvais que je la range dans cette dernière catégorie, — les hommes intelligents voient au delà de cette fumée qu'on appelle la vanité.

— Et que voyez-vous, monsieur, ou plutôt que voit le commandant Mejean au delà de cette fumée que l'on appelle la vanité?

— Il voit une affaire, et même une bonne affaire, pour Votre Éminence et lui.

— Une bonne affaire? Je me connais mal en affaires, monsieur, je vous en préviens. N'importe, expliquez-vous.

— Voici deux forts rendus sur trois, c'est vrai; mais le troisième, et par sa position et par les hommes qui la défendent, est à peu près imprenable, ou bien nécessitera un long siége. Où sont vos ingénieurs, où sont vos pièces de gros calibre, où est votre armée pour faire le siége d'une citadelle comme celle que commande le colonel Mejean? Vous échouerez en arrivant au but, et, en échouant, Votre Éminence perdra tout le mérite d'une campagne magnifique, tandis que, pour quelques misérables centaines de mille livres que vous pouvez, en supposant que vous ne les ayez pas, lever en deux heures sur Naples vous couronnez l'édifice de la restauration et vous pouvez dire au roi : « Sire, le général Mack, avec une armée de soixante mille soldats, avec cent canons, avec un trésor de vingt millions, a perdu les États romains, Naples, la Calabre, le royaume enfin ; moi, avec quelques paysans, j'ai reconquis tout ce que le général Mack avait perdu. Il m'en a coûté, il est vrai, cinq cent mille francs ou un million pour prendre le fort Saint-Elme ; mais qu'est-ce qu'un million comparé au dégât qu'il pouvait faire? Car, enfin, sire, vous le savez mieux que personne, pourrez-vous ajouter, le fort Saint-Elme a été bâti, non point pour défendre Naples, mais pour la menacer, et la preuve, c'est qu'il existe une loi, rendue par votre auguste père, qui défend d'élever des maisons au-dessus d'une certaine hauteur, attendu qu'à une certaine hauteur, elles pourraient gêner le jeu des boulets et des obus. Or, Naples bombardée, ce n'était point une perte de cinq cent mille francs ou d'un million, c'était une perte incalculable. » Et, devant cette explication de votre conduite, le roi, croyez-moi, est un homme d'un trop grand sens pour ne point vous donner raison.

— Alors, en cas de siége, reprit le cardinal, le colonel Mejean compte bombarder Naples?

— Mais sans doute.

— Ce sera une infamie gratuite.

— Pardon, Votre Éminence, ce sera un cas de légitime défense : on nous attaque, nous ripostons.

— Oui, mais ripostez du côté où l'on vous attaque, et, comme on vous attaquera du côté opposé à la ville, vous ne pourrez pas riposter du côté de la ville.

— Bon! qui sait où vont les boulets et les bombes?

— Ils vont du côté où on les pointe, monsieur : la chose est parfaitement sue, au contraire.

— Eh bien, on les pointera du côté de la ville, en ce cas.

— Pardon, monsieur; mais, si vous portiez l'habit militaire, au lieu de porter l'habit bourgeois, vous sauriez qu'une des premières lois de la guerre défend aux assiégés de tirer sur les maisons situées en un point d'où ne vient point l'attaque. Or, les batteries que l'on dirigera contre le château Saint-Elme étant établies du côté opposé à la ville, le feu du château Saint-Elme, sous peine de manquer à toutes les conventions qui régissent les peuples civilisés, ne pourra lancer un seul boulet, un seul obus, ou une seule bombe du côté opposé aux batteries qui l'attaqueront. Ne vous obstinez donc pas dans une erreur que ne commettrait certainement point le colonel

Mejean, si j'avais l'honneur de discuter avec lui, au lieu de discuter avec vous.

— Et si, cependant, il la commettait, cette erreur, et qu'au lieu de la reconnaître, il y persistât, que dirait Votre Éminence?

— Je dirais, monsieur, que, s'écartant des lois reconnues par tous les peuples civilisés, lois que la France, qui se prétend à la tête de la civilisation, doit connaître mieux qu'aucun autre pays, il doit s'attendre à être traité lui-même en barbare. Et, comme il n'y a pas de forteresse imprenable, et que, par conséquent, le fort Saint-Elme serait pris un jour ou l'autre, ce jour-là, lui et la garnison seraient pendus aux créneaux de la citadelle.

— Diable! comme vous y allez, monseigneur! dit le faux secrétaire avec une feinte gaieté.

— Et ce n'est pas le tout! dit le cardinal en se levant à la force de ses poignets appuyés sur la table et en regardant fixement l'ambassadeur.

— Comment, ce n'est pas le tout? Il lui arriverait donc encore quelque chose après avoir été pendu?

— Non, mais avant de l'être, monsieur.

— Et que lui arriverait-il, monseigneur?

— Il lui arriverait que le cardinal Ruffo, regardant comme indigne de son caractère et de son rang de discuter plus longtemps les intérêts des rois et la vie des hommes avec un coquin de son espèce, l'inviterait à sortir de sa maison, et, s'il n'obéissait pas à l'instant même, le ferait jeter par la fenêtre.

Le plénipotentiaire tressaillit.

— Mais, continua Ruffo en adoucissant sa voix jusqu'à la courtoisie et son visage jusqu'au sourire, comme vous n'êtes point le commandant du château Saint-Elme, que vous êtes seulement son envoyé, je me contenterai de vous prier, monsieur, de lui reporter mot pour mot la conversation que nous venons d'avoir ensemble, en l'assurant bien positivement qu'il est tout à fait inutile qu'il tente à l'avenir aucune nouvelle négociation avec moi.

Sur quoi, le cardinal s'inclina, et, d'un geste moitié poli, moitié impératif, indiqua la porte au colonel, qui sortit, plus furieux encore de voir sa spéculation manquée qu'humilié de l'injure qui lui était faite.

LXXXV

OU IL EST PROUVÉ QUE FRÈRE JOSEPH VEILLAIT SUR SALVATO

C'était pendant la matinée du 27 que Salvato et Luisa avaient quitté le Château-Neuf pour le fort Saint-Elme : le même jour, les châteaux devaient être rendus aux Anglais, et les patriotes embarqués.

Du haut des remparts, Salvato et Luisa avaient pu voir les Anglais prendre possession des forts et les patriotes descendre dans les tartanes.

Quoique tout parût s'accomplir loyalement et selon les conditions du traité, Salvato conserva les doutes qu'il avait conçus sur sa complète exécution.

Il est vrai que, pendant tout le jour et pendant toute la soirée du 27, le vent avait soufflé de l'ouest, et s'était opposé à ce que les tartanes missent à la voile.

Mais, pendant la nuit du 27 au 28, le vent avait sauté au nord-nord-ouest, et, par conséquent, était devenu tout à fait favorable au départ; cependant, les tartanes ne bougeaient pas.

Salvato, ayant Luisa appuyée à son bras, les regardait inquiet du haut des remparts, lorsqu'il fut joint par le colonel Mejean, lequel lui annonça que, contre son attente, le lieutenant-colonel étant de retour au fort vingt-quatre heures plus tôt qu'il ne le pensait, rien ne s'opposait à ce qu'il l'accompagnât dans la course qu'il comptait faire la prochaine nuit.

La chose fut donc arrêtée.

La journée se passa en conjectures. Le vent continuait d'être favorable, et Salvato ne voyait faire aucun préparatif de départ. Sa conviction était qu'il se préparait quelque catastrophe.

Du point élevé où il se trouvait, il planait sur tout le golfe, et pouvait voir, à l'aide d'une longue-vue, tout ce qui se passait dans les tartanes et même sur les vaisseaux de guerre.

Vers cinq heures, une barque, montée par un officier et quelques marins, se détacha des flancs du *Foudroyant* et s'avança vers l'une des tartanes.

Il se fit alors un grand mouvement à bord de la tartane que la barque venait d'accoster; douze personnes furent tirées de la tartane et descendirent dans la barque; puis la barque volta et rama de nouveau vers *le Foudroyant*, sur le pont duquel montèrent les douze patriotes, qui bientôt, pour ne plus reparaître, s'enfoncèrent dans les flancs du vaisseau.

Ce fait, dont Salvato cherchait en vain l'explication, lui donna beaucoup à penser.

La nuit vint. Cette excursion que devait faire Mejean inquiétait Luisa. Salvato lui en expliqua la cause en lui faisant part du marché qu'il avait conclu avec Mejean et moyennant lequel il avait acheté leur commun salut.

Luisa serra la main de Salvato.

— N'oublie pas, au besoin, lui dit-elle, que j'ai toute une fortune chez les pauvres Backer.

— Mais à cette fortune, qui n'est point entièrement à toi, répondit en souriant Salvato, n'était-il pas convenu que nous ne toucherions qu'à la dernière extrémité?

Luisa fit un signe affirmatif.

Une heure avant la sortie du fort, c'est-à-dire vers les onze heures, on discuta si l'on irait au tombeau de Virgile, distant d'un quart de lieue à peu près du fort Saint-Elme, avec une petite escorte, c'est-à-dire en ayant l'air de faire une patrouille, — ou bien si Salvato et Mejean iraient seuls et déguisés.

On opta pour le déguisement.

On se procura deux habits de paysan. Il fut convenu que, si l'on faisait quelque rencontre inattendue, ce serait Salvato qui prendrait la parole. Il parlait le patois napolitain de telle façon, qu'il était impossible de le reconnaître pour ce qu'il était.

L'un prit un pic, et l'autre une bêche, et, à minuit, tous deux sortirent du fort. Ils semblaient deux ouvriers revenant de l'ouvrage et regagnant leur maison.

La nuit, sans être sombre, était nuageuse. La lune, de temps en temps, disparaissait derrière des masses de vapeurs dont elle avait peine à percer l'opacité.

Ils sortirent par une petite poterne faisant face au village d'Antiguano, mais prirent presque aussitôt un petit sentier tournant à gauche et conduisant à Pietra-Catella; puis ils s'engagèrent franchement dans le Vomero, prirent une ruelle qui les conduisit hors du village, laissèrent à gauche la Carone-del-Cielo, et, par l'étroit sentier qui conduit à la rampe du Pausilippe, ils gagnèrent le columbarium que l'on est convenu de désigner au voyageur sous le nom de tombeau de Virgile.

— Il est inutile, mon cher colonel, fit Savalto, de vous apprendre ce que nous venons chercher ici.

— Bon! quelque trésor enfoui à ce que je présume?

— Vous avez deviné. Seulement, la somme ne vaut pas la peine d'être désignée sous le nom de trésor. Cependant, soyez tranquille, ajouta-t-il en souriant, elle est suffisante pour m'acquitter envers vous.

Salvato s'avança vers le laurier et commença de fouiller la terre avec sa pioche.

Mejean le suivait d'un œil avide.

Au bout de cinq minutes, le fer de la pioche résonna sur un corps dur.

— Ah! ah! fit Mejean, qui suivait l'opération avec une attention ressemblant à de l'anxiété.

— N'avez-vous point entendu raconter, colonel, dit en souriant Salvato, que les dieux mânes étaient les gardiens naturels des trésors?

— Si fait, répondit Mejean; seulement, je ne crois point à tout ce que l'on me raconte... Mais chut! n'entendez-vous point du bruit?

Tous deux écoutèrent.

— C'est une charrette qui roule dans la grotte de Pouzzoles, répondit Salvato au bout de quelques secondes.

Puis, se mettant à genoux, il écarta la terre avec les mains.

— C'est étrange ! dit-il, il me semble que cette terre a été nouvellement remuée.

— Allons donc ! dit Mejean, pas de mauvaise plaisanterie, mon hôte.

— Ce n'est point une plaisanterie, dit Salvato en tirant le coffret hors de terre : la cassette est vide.

Et il se sentit frissonner malgré lui. Il connaissait trop Mejean pour ignorer qu'il ne lui ferait point de grâce, et, d'ailleurs, il ne voulait point lui en demander.

— Il est bizarre, dit Mejean, qu'on ait pris l'argent et laissé la cassette. Secouez-la donc ; peut-être entendrons-nous sonner quelque chose.

— Inutile ! je sens bien, au poids, qu'elle est vide. D'ailleurs, entrons dans le columbarium, nous l'ouvrirons.

— Vous en avez la clef ?

— Elle s'ouvre par un secret.

On entra dans le columbarium ; Mejean tira de sa poche une petite lanterne sourde, battit le briquet et alluma.

Salvato poussa le ressort de la cassette : elle s'ouvrit.

Elle était vide, en effet ; mais, à la place de l'or, elle contenait un billet.

Salvato et Mejean s'écrièrent en même temps :

— Un billet !

— Je comprends, dit Salvato.

— Bon ! l'or est-il retrouvé ? demanda vivement le colonel.

— Non ; mais il n'est pas perdu, répliqua le jeune homme.

Et, ouvrant le billet, à la lueur de la lanterne sourde, il lut :

« Suivant tes instructions, je suis venu, dans la nuit du 27 au 28, chercher l'or qui était dans cette cassette, que je remets à cette même place, avec le présent billet.

» Frère JOSEPH. »

— Dans la nuit du 27 au 28 ! s'écria Mejean.

— Oui ; de sorte que, si nous étions venus la nuit dernière, au lieu de celle-ci, nous fussions arrivés à temps.

— N'allez-vous pas dire que c'est ma faute ? demanda vivement Mejean.

— Non ; car le mal, au bout du compte, n'est pas si grand que vous le croyez, et peut-être même n'y a-t-il pas de mal du tout.

— Vous connaissez ce frère Joseph ?

— Oui.

— Vous êtes sûr de lui ?

— Uu peu plus que de moi-même.

— Et vous savez où le trouver ?

— Je ne le chercherai même pas.

— Comment ferons nous, alors ?

— Mais nous laisserons les conventions dans les mêmes termes.

— Et les vingt mille francs ?

— Nous les prendrons ailleurs qu'où nous avons cru les trouver : voilà tout.

— Quand ?

— Demain.

— Vous êtes sûr ?

— Je l'espère.

— Et si vous vous trompiez ?

— Alors, je vous dirais, comme les sectateurs du Prophète : « Dieu est grand ! »

Mejean passa la main sur son front humide de sueur.

Salvato vit l'angoisse du colonel, lui dont la sérénité avait à peine été troublée un instant.

— Et maintenant, dit-il, il nous faut remettre cette cassette à sa place et retourner au château.

— Les mains vides ? fit piteusement le colonel.

— Je n'y retourne pas les mains vides, puisque j'y retourne avec ce billet.

— Quelle somme y avait-il dans le coffret? demanda Mejean.

— Cent vingt-cinq mille francs, répondit Salvato en remettant le coffret à sa place et en ramenant dessus la terre avec ses pieds.

— Si bien qu'à votre avis, ce billet vaut cent vingt-cinq mille francs?

— Il vaut ce que vaut pour un fils la certitude d'être aimé de son père... Mais rentrons au château comme je le disais, mon cher colonel, et, demain, à dix heures, venez me trouver.

— Pour quoi faire?

— Pour recevoir de Luisa une lettre de change de vingt mille francs, à vue sur la première maison de banque de Naples.

— Vous croyez qu'il y a, dans ce moment-ci, à Naples, une maison de banque qui payera à vue un billet de vingt mille francs?

— J'en suis sûr.

— Eh bien, moi, j'en doute. Les banquiers ne sont pas si bêtes que de payer en temps de révolution.

— Vous verrez que ceux-là seront assez bêtes pour payer même en temps de révolution, et ceux-là pour deux raisons : la première, parce que c'étaient d'honnêtes gens...

— Et la seconde?

— Parce qu'ils sont morts.

— Ah ! ah ! c'est sur les Backer, alors ?

— Justement.

— En ce cas, c'est autre chose.

— Vous avez confiance ?

— Oui.

— C'est bien heureux !

Mejean éteignit sa lanterne. Il avait trouvé un banquier qui, en temps de révolution, payait à vue une lettre de change : c'était plus que Diogène ne demandait à Athènes.

Salvato pressa de ses pieds la terre qui recouvrait le coffret. En cas de retour de son père, l'absence du billet devait lui dire que Salvato était venu.

Tous deux reprirent le même chemin qu'ils avaient déjà suivi et rentrèrent au château Saint-Elme aux premiers rayons du jour. Les nuits, au mois de juin, sont, on le sait, les plus courtes de l'année.

Luisa attendait debout et tout habillée le retour de Salvato : son inquiétude ne lui avait point permis de se coucher.

Salvato lui raconta tout ce qui s'était passé.

Luisa prit un papier et écrivit dessus un ordre à la maison Backer de payer, à son débit et à vue, une somme de vingt mille francs.

Puis, tendant le papier à Salvato :

— Tenez, mon ami, dit-elle, portez cela au colonel ; le pauvre homme dormira mieux avec cette lettre de change sous son oreiller. Je sais bien, ajouta-t-elle en riant, qu'à défaut des vingt mille francs, il lui reste notre tête ; mais je doute que toutes les deux ensemble, une fois coupées, il les estimât vingt mille francs.

L'espérance de Luisa fut trompée, comme l'avait été celle de Salvato. Le juge Speciale était arrivé la veille de Procida, où il avait fait pendre trente-sept personnes, et il avait mis, au nom du roi, le séquestre sur la maison Backer.

Depuis la veille, les payements avaient cessé.

LXXXVI

LA BIENVENUE DE SA MAJESTÉ

Dès le 25 juin, avant qu'il eût appris de la bouche même de Ruffo que celui-ci se séparait de la coalition, Nelson avait envoyé au colonel Mejean l'intimation suivante :

« Monsieur, Son Éminence le cardinal Ruffo et le commandant en chef de l'armée russe vous ont fait sommation de vous rendre : je vous préviens que, si le terme qui vous a été accordé est outrepassé de deux heures, vous devrez en subir les conséquences, et que je n'accorderai plus rien de ce qui vous a été offert.

» NELSON. »

Pendant les jours qui suivirent cette sommation, c'est-à-dire du 26 au 29, Nelson fut occupé à faire arrêter les patriotes, à marchander la trahison du fermier et à faire pendre Caracciolo ; mais cette œuvre de honte terminée, il put s'occuper de l'arrestation des patriotes qui n'étaient point encore entre ses mains et du siége du château Saint-Elme.

En conséquence, il fit descendre à terre Troubridge avec treize cents Anglais, tandis que le capitaine Baillie se joignait à lui avec cinq cents Russes.

Pendant les six premiers jours, Troubridge fut secondé par son ami le capitaine Ball ; mais, celui-ci ayant été envoyé à Malte, il fut remplacé par le capitaine Benjamin Hallowel, celui-là même qui avait fait cadeau à Nelson d'un cercueil taillé dans le grand mât du vaisseau français *l'Orient*.

Quoi qu'en aient dit les historiens italiens, une

fois acculé au pied de ses murailles, Mejean, qui, par ses négociations, avait compromis l'honneur national, voulut sauver l'honneur français.

Il se défendit courageusement, et le rapport à lord Keith, de Nelson, qui se connaissait en courage, rapport qui commence par ces mots : « *Pendant un combat acharné de huit jours,* dans lequel notre artillerie s'est avancée à cent quatre-vingts yards des fossés... » en est un éclatant témoignage.

Pendant ces huit jours, le cardinal était resté les bras croisés sous sa tente.

Dans la nuit du 8 au 9 juillet, on signala deux bâtiments que l'on crut reconnaître, l'un pour anglais, l'autre pour napolitain, et qui, passant à l'ouest de la flotte anglaise, faisaient voile vers Procida.

Le matin du 9, en effet, on vit dans le port de cette île deux vaisseaux, dont l'un, le *Sea-Horse*, portait le pavillon anglais, et l'autre, *la Sirène*, portait non-seulement le pavillon napolitain, mais encore la bannière royale.

Le 9, au matin, le cardinal recevait du roi cette lettre, sans grande importance pour notre histoire, mais qui prouvera du moins que nous n'avons laissé passer aucun document sans l'avoir lu et utilisé.

« Procida, 9 juillet 1799.

» Mon éminentissime,

» Je vous envoie une foule d'exemplaires d'une lettre que j'ai écrite pour mes peuples. Faites-la-leur connaître immédiatement, et rendez-moi compte de l'exécution de mes ordres par Simonetti, avec lequel j'ai longuement causé ce matin. Vous comprendrez ma détermination à l'égard des employés du barreau.

» Que Dieu vous garde comme je le désire.
» Votre affectionné,

» FERDINAND B. »

Le roi était attendu de jour en jour. Le 2 juillet, il avait reçu les lettres de Nelson et de Hamilton qui lui annonçaient la mort de Caracciolo et qui le pressaient de venir.

Le même jour, il écrivait au cardinal, dont il n'avait point encore reçu la démission :

« Palerme, 2 juillet 1799.

» Mon éminentissime,

» Les lettres que je reçois aujourd'hui, et celle surtout que j'ai reçue dans la soirée du 20, m'ont vraiment consolé en me montrant que les choses *prennent un bon pli,* celui que je désirais, que je m'étais fixé d'avance pour faire marcher d'accord les affaires terrestres avec l'aide divine et vous mettre en état de me mieux servir.

» Demain, selon l'invitation faite par l'amiral Nelson et par vous, et surtout pour faire honneur à ma parole, je partirai avec un convoi de troupes pour me rendre à Procida, où je vous reverrai, vous communiquerai mes ordres et prendrai toutes les dispositions nécessaires pour le bien, la sécurité et la félicité de tous les sujets qui sont restés fidèles.

» Je vous en préviens d'avance, en vous assurant que vous retrouverez en moi

» Votre toujours affectionné,

» FERDINAND B. »

Et, en effet, le lendemain, 3 juillet, le roi s'embarquait, non point sur le *Sea-Horse*, comme l'y avait invité Nelson, mais sur la frégate *la Sirène*. Il craignait, en donnant, au retour, le même signe de préférence aux Anglais qu'il leur avait donné en allant, — il craignait, disons-nous, de porter à son comble la désaffection de la marine napolitaine, déjà grande par suite de la condamnation et de la mort de Caracciolo.

Nous avons dit qu'aussitôt arrivé, le roi avait écrit au cardinal; mais on peut voir, malgré la protestation d'amitié qui termine la lettre, ou plutôt par cette même protestation d'amitié, qu'il y a un refroidissement visible entre ces deux illustres personnages.

Ferdinand avait amené avec lui Acton et Castelcicala. La reine avait voulu rester à Palerme : elle savait combien elle était impopulaire à Naples et avait craint que sa présence ne nuisît au triomphe du roi.

Toute la journée du 9, le roi resta à Procida, écoutant le rapport de Speciale, et, malgré son dégoût pour le travail, dressant lui-même la liste des membres de la nouvelle junte d'État qu'il devait instituer, et celle des coupables qu'elle allait avoir à juger.

Il n'y a point à douter de la peine que daigna prendre, en cette circonstance, le roi Ferdinand, — cette double liste, que nous avons eu entre les mains et que nous avons renvoyée des archives de Naples à celles de Turin, étant tout entière écrite de la main de Sa Majesté.

Mettons d'abord sous les yeux de nos lecteurs la liste des bourreaux : à tout seigneur tout honneur!

Puis nous y mettrons celle des victimes.

Cette junte d'État nommée par le roi se composait ainsi :

Le président : Felice Ramani ;

Le procureur fiscal : Guidobaldi ;

Juges : les conseillers Antonio della Rocca, don Angelo di Fiore, don Gaetano Sambuti, don Vicenzo Speciale.

Juges de vicairie : don Salvatore di Giovanni.

Procureur des accusés : don Alessandro Nara.

Défenseurs des accusés : les conseillers Vanvitelli et Mulès.

Les deux derniers, comme on le comprend bien, n'étaient qu'une fiction de légalité.

Cette junte d'État fut chargée de juger, c'est-à-dire de condamner extraordinairement et sans appel,

A MORT :

Tous ceux qui avaient enlevé, des mains du gouverneur Ricciardo Brandi, le château Saint-Elme, — Nicolino Caracciolo en tête, bien entendu ;

(Par bonheur, Nicolino Caracciolo, qui avait reçu mission de Salvato de sauver l'amiral Caracciolo, étant arrivé à la ferme le jour même de son arrestation, et ayant appris la trahison du fermier, n'avait point perdu un instant, s'était jeté dans la campagne et était venu se mettre sous la protection du commandant français de Capoue, le colonel Giraldon.)

Tous ceux qui avaient aidé les Français à entrer à Naples;

Tous ceux qui avaient pris les armes contre les lazzaroni;

Tous ceux qui, après l'armistice, avaient conservé des relations avec les Français;

Tous les magistrats de la République;

Tous les représentants du gouvernement;

Tous les représentants du peuple;

Tous les ministres;

Tous les généraux;

Tous les juges de la haute commission militaire;

Tous les juges du tribunal révolutionnaire;

Tous ceux qui avaient combattu contre les armées du roi;

Tous ceux qui avaient renversé la statue de Charles III;

Tous ceux qui, à la place de cette statue, avaient planté l'arbre de la liberté;

Tous ceux qui, sur la place du Palais, avaient coopéré ou même simplement assisté à la destruction des emblèmes de la royauté et des bannières bourboniennes ou anglaises;

Enfin, tous ceux qui, dans leurs écrits ou dans leurs discours, s'étaient servis de termes offensants pour la personne du roi, de la reine, ou des membres de la famille royale.

C'étaient à peu près quarante mille citoyens menacés de mort par une seule et même ordonnance.

Les dispositions plus douces, c'est-à-dire celles qui n'emportaient que la condamnation à l'exil, menaçaient à peu près soixante mille personnes.

C'était plus du quart de la population de Naples.

Cette occupation, que le roi regardait comme pressée avant toutes, lui prit toute la journée du 9.

Le 10 au matin, la frégate *la Sirène* quitta le port de Procida et fit voile vers *le Foudroyant*.

A peine le roi eut-il mis le pied sur le pont, que *le Foudroyant*, au coup de sifflet du contre-maître, se pavoisa comme pour une fête, et que l'on entendit les premières détonations d'une salve de trente et un coups de canon.

Le bruit s'était déjà répandu que le roi était à Procida; la canonnade partie des flancs du *Foudroyant* apprit au peuple qu'il était à bord du vaisseau amiral.

Aussitôt, une foule immense accourut sur la plage de Chiaïa, de Santa-Lucia et de Marinella. Une multitude de barques, ornées de bannières de toutes couleurs, sortirent du port, ou plutôt se détachèrent de la rive et voguèrent vers l'escadre anglaise pour sa-

3.

luer le roi et lui souhaiter la bienvenue. En ce moment, et pendant que le roi était sur le pont, regardant, avec une longue-vue, le château Saint-Elme, contre lequel, en l'honneur de son arrivée, sans doute, le canon anglais faisait rage, un boulet anglais coupa, par hasard, la hampe du drapeau français arboré sur la forteresse, comme si les assiégeants eussent calculé ce moment pour donner au roi ce spectacle, qu'il regarda comme un heureux présage.

Et, en effet, au lieu que ce fût la bannière tricolore qui reparût, ce fut la bannière blanche, c'est-à-dire le drapeau parlementaire.

L'apparition inattendue de ce symbole de paix, qui semblait ménagée pour l'arrivée du roi, produisit un effet magique sur tous les assistants, qui éclatèrent en hourras et en applaudissements, tandis que les canons du château de l'Œuf, du Château-Neuf et du château del Carmine répondaient joyeusement aux salves parties des flancs du vaisseau amiral anglais.

Et, à propos de la chute de cette bannière, qu'on nous permette d'emprunter quelques lignes à Dominique Sacchinelli, l'historien du cardinal : elles sont assez curieuses pour trouver place ici, n'interrompant d'ailleurs aucunement notre récit.

« Consacrons, dit-il, un paragraphe aux singuliers accidents du hasard, qui eurent lieu pendant cette révolution.

» Le 23 janvier, un boulet lancé par les jacobins de Saint-Elme, coupa la lance de la bannière royale qui flottait sur le Château-Neuf, et sa chute détermina l'entrée des troupes françaises à Naples.

» Le 22 mars, un obus fait tomber du château de Cotrone la bannière républicaine, et cet accident, considéré comme un miracle, amène la révolte de la garnison contre les patriotes et facilite aux royalistes l'occupation du château.

» Enfin, le 10 juillet, la chute de la bannière française, déployée au-dessus du château Saint-Elme, amène la capitulation de ce fort.

» Et, ajoute l'historien, celui qui voudrait confronter les dates verrait que tous ces accidents, de même que les plus importants qui eurent lieu pendant l'entreprise du cardinal Ruffo, eurent lieu des vendredis. »

Détournons les yeux du château Saint-Elme, où nous aurons plus d'une fois encore l'occasion de les reporter, pour suivre du regard une barque qui se détache du rivage un peu au-dessus du pont de la Madeleine, et s'avance, sans pavillon, silencieuse et sévère, au milieu de toutes ces barques bruyantes et pavoisées.

Elle porte le cardinal Ruffo, qui, en échange de l'hommage qu'il va faire au roi de son royaume reconquis, vient lui demander, pour toute grâce, de maintenir les traités qu'il a signés en son nom, et de ne pas faire à son honneur royal la souillure d'un manque de parole.

Voilà encore une de ces occasions où le romancier est forcé de céder la plume à l'historien, et des faits où l'imagination n'a pas le droit d'ajouter un mot au texte implacable de l'annaliste.

Et que le lecteur veuille bien se rappeler que les lignes que nous allons mettre sous ses yeux sont tirées d'un livre publié par Dominique Sacchinelli en 1836, c'est-à-dire en plein règne de Ferdinand II, ce grand étouffeur de la presse, et publié avec permission de la censure.

Voici les propres paroles de l'honorable historien :

« Pendant que l'on traitait avec le commandant français de la reddition du fort Saint-Elme, le cardinal se rendit à bord du *Foudroyant*, pour informer de vive voix le roi Ferdinand de ce qui était arrivé avec les Anglais, à l'endroit de la capitulation du Château-Neuf et du château de l'Œuf, et du scandale que produisait la violation de ces traités. Sa Majesté se montra d'abord disposée à observer et à suivre la capitulation ; cependant, elle ne voulut rien décider sans avoir entendu Nelson et Hamilton.

» Tous deux furent appelés à donner leur avis.

» Hamilton soutint cette doctrine diplomatique, que les souverains ne traitaient pas avec leurs sujets rebelles, et déclara que le traité devait être nul et non avenu.

» Nelson ne chercha point de faux-fuyants. Il manifesta une haine profonde contre tout révolutionnaire à la mode française, disant qu'il fallait extirper jusqu'à la racine du mal pour empêcher de nouveaux malheurs, puisque, les républicains étant obstinés dans le péché et incapables de repentir, ils commettraient, aussitôt que s'en présenterait l'occasion, de pires et plus funestes excès, et qu'enfin l'exemple de leur impunité servirait d'aiguillon à tous les malintentionnés.

» Et, de même que Nelson avait rendu inefficaces les remontrances faites par le cardinal Ruffo au moment du traité, de même il réussit par ses intrigues à paralyser les mêmes intentions du roi et le désir de clémence qu'il avait un moment manifesté. »

Le roi décida donc, malgré les instances que le cardinal Ruffo poussa jusqu'à la supplication, —

Nelson et Hamilton, ces deux mauvais génies de son honneur, entendus, — que les capitulations du château de l'Œuf et du Château-Neuf seraient tenues pour nulles et non avenues.

A peine cette décision fut-elle prise, que le cardinal, se voilant le visage d'un pan de sa robe de pourpre, descendit dans le bateau qui l'avait amené et rentra dans cette maison où les traités avaient été signés, en vouant cette monarchie qu'il venait de rétablir aux vengeances, tardives peut-être, mais certaines, de la justice divine.

Et, le même jour, les prisonniers détenus à bord du *Foudroyant* et des felouques qui devaient les conduire en France furent débarqués et conduits, enchaînés deux à deux, dans les prisons du château de l'Œuf, du Château-Neuf, du château des Carmes et de la Vicairie. Et, comme ces prisons n'étaient pas suffisantes, — les lettres du roi elles-mêmes accusent *huit mille captifs*, — ceux qui ne purent tenir dans ces quatre châteaux furent conduits aux Granili, convertis en prisons supplémentaires.

Ce que voyant, les lazzaroni pensèrent qu'avec le roi Nasone, les jours des fêtes sanglantes étaient revenus, et, par conséquent, ils se remirent à piller, à brûler et à tuer avec plus d'entrain que jamais.

Selon l'habitude que nous avons prise, depuis le

commencement de ce livre, de ne rien affirmer des horreurs commises à cette époque, de si haut ou de si bas qu'elles vinssent, sans appuyer notre dire de documents authentiques, nous emprunterons les lignes suivantes à l'auteur des *Mémoires pour servir à l'histoire des révolutions de Naples :*

« Les journées du 9 et du 10 furent signalées par les crimes et les infamies de toute espèce qui furent commis et desquels ma plume se refuse à tracer le tableau. Ayant allumé un grand feu en face du palais royal, les lazzaroni jetèrent dans les flammes sept malheureux arrêtés quelques jours auparavant, et poussèrent la cruauté jusqu'à manger les membres, tout saignants encore, de leurs victimes. L'infâme archiprêtre Rinaldi se glorifiait d'avoir pris part à cet immonde banquet. »

Outre l'archiprêtre Rinaldi, un homme se faisait remarquer à cette orgie d'anthropophages : de même que Satan préside au sabbat, lui présidait à cette horrible subversion de toutes les lois de l'humanité.

Cet homme était Gaetano Mammone.

Rinaldi mangeait les chairs à moitié cuites; Mammone buvait le sang à même les blessures. Le hideux vampire a laissé une telle impression de terreur dans l'esprit des Napolitains, qu'aujourd'hui encore, aujourd'hui qu'il est mort depuis plus de quarante-cinq ans, pas un habitant de Sora, c'est-à-dire du pays où il était né, n'a osé répondre à mes questions et me donner des renseignements sur lui. « Il buvait le sang comme un ivrogne boit du vin ! » voilà ce que j'ai entendu dire par dix vieillards qui l'avaient connu, et c'est en réalité la seule réponse qui m'ait été faite par vingt personnes différentes qui l'avaient vu s'enivrer de cette odieuse boisson.

Mais un homme que l'on se fût attendu à voir prendre une part frénétique à la réaction, et qui, au grand étonnement de tous, au lieu d'y prendre part, paraissait, au contraire, la voir s'accomplir avec terreur, c'était fra Pacifico.

Depuis le meurtre de l'amiral François Caracciolo, pour lequel il avait un culte, fra Pacifico avait senti toutes ses convictions l'abandonner. Comment pendait-on comme traître et comme jacobin un homme qu'il avait vu servir son roi avec tant de fidélité et combattre avec tant de courage ?

Puis un autre fait jetait encore un grand trouble dans son esprit, étroit mais loyal : comment, après avoir tant fait, — et fra Pacifico savait mieux que personne ce qu'il avait fait, — comment, après avoir tant fait, le cardinal était-il non-seulement sans puissance, mais à peu près disgracié ? et comment était-ce Nelson, un Anglais, — qu'en sa qualité de bon chrétien, il détestait presque autant comme hérétique, qu'en sa qualité de bon royaliste il détestait les jacobins, — comment était-ce Nelson qui avait maintenant tout pouvoir, qui jugeait, qui condamnait, qui pendait ?

On avouera qu'il y avait dans ces deux faits de quoi jeter du doute même dans un cerveau plus fort que celui de fra Pacifico.

Aussi, comme nous l'avons dit, voyait-on le pauvre moine en simple spectateur aux exploits de Rinaldi, de Mammone et des lazzaroni qui suivaient leur exemple. Quand la férocité de ces hordes de cannibales devenait trop grande, on le voyait même détourner la tête et s'éloigner, sans frapper comme d'habitude le pauvre Giacobino de son bâton ; et, si c'était à pied qu'il vaguait ainsi par les rues, préoccupé d'une idée secrète, cette fameuse tige de laurier, autrefois massue, était devenue un bourdon de pèlerin, sur lequel, comme s'il était fatigué d'un long voyage, il appuyait, dans des haltes fréquentes et pensives, ses deux mains et son visage.

Quelques personnes, qui avaient remarqué ce changement et que ce changement préoccupait, prétendaient même avoir vu fra Pacifico entrer dans des églises, s'y agenouiller et prier.

Un capucin priant! Ceux à qui l'on racontait cela ne voulaient pas le croire.

LXXXVII

L'APPARITION

Tandis que l'on égorgeait dans les rues de Naples, il y avait grande fête dans le port.

D'abord, comme l'avait indiqué la bannière blanche élevée sur le fort Saint-Elme, au lieu et place de la bannière tricolore, le château Saint-Elme demandait à capituler, et des négociations s'étaient à l'instant même ouvertes entre le colonel Mejean et le capitaine Troubridge. Les principales questions étaient arrêtées; ce qui fait que le roi qui tenait, sinon à avoir, du moins à paraître conserver quelques égards pour le cardinal, pouvait lui écrire, vers trois heures de l'après-midi, le billet suivant :

« A bord du *Foudroyant*, 10 juillet 1709.

» Mon éminentissime, je viens, par la présente, vous prévenir que, ce soir, peut-être, Saint-Elme sera à nous. Je crois donc faire chose qui vous soit agréable en expédiant votre frère Ciccio à Palerme avec cette heureuse nouvelle. Je le récompenserai, en même temps, comme le méritent ses bons services et les vôtres. Faites donc qu'il soit prêt à partir avant l'*Ave Maria*. Conservez-vous en bonne santé, et croyez-moi toujours

» Votre même affectionné,

» FERDINAND B. »

Francesco Ruffo n'avait pas, fait un long séjour à Naples, — arrivé le 9 au matin, il repartait le 10 au soir ; — mais le roi, qui, sur les rapports de Nelson et de Hamilton, se défiait du cardinal, aimait mieux don Ciccio, comme il l'appelait, à Palerme que près de son frère.

Don Ciccio, qui ne conspirait pas et qui n'avait jamais eu la moindre intention de conspirer, se trouva prêt à l'heure indiquée, et partit pour Palerme sans faire d'observations.

Il avait laissé, en partant, à sept heures du soir, le vaisseau amiral préparé pour une grande fête. Le roi avait écarté le rapport de son juge de confiance Speciale, et, parmi les personnes qui étaient venues le visiter et le féliciter à bord, il avait fait un choix et distribué ses invitations pour le soir.

Il y avait bal et souper à bord du *Foudroyant*.

En un tour de main, et comme il arrive lorsque se fait entendre le branle-bas de combat, les cloisons de l'entre-pont furent enlevées, chaque canon devint un massif de fleurs ou un buffet de rafraîchissements, et, à neuf heures du soir, le vaisseau, illuminé de ses grandes vergues aux vergues de cacatois, était prêt à recevoir ses invités.

On vit alors, à la lueur des flambeaux, et comme une illumination mouvante, se détacher du rivage des centaines de barques, les unes portant les élus qui devaient monter à bord, les autres les flatteurs qui venaient, avec des musiciens, donner des sérénades ; les autres, enfin, contenaient les simples curieux venant pour voir et surtout pour être vus.

Ces barques étaient surchargées de femmes élégantes, couvertes de diamants et de fleurs, et d'hommes bariolés de cordons et constellés de croix. Tout cela s'était tenu caché sous la République, et semblait sortir de terre au soleil de la royauté.

Pâle et triste soleil, cependant, qui, dans cette journée du 10 juillet, s'était levé et se couchait à travers une vapeur de sang !

Le bal commença : il avait lieu sur le pont.

Ce devait être un spectacle magique que cette forteresse mouvante, illuminée de sa base à son faîte, qui déployait au vent ses mille pavillons, et dont tous les cordages disparaissaient sous des branches de laurier.

Nelson rendait, le 10 juillet 1799, à la royauté la fête que la royauté lui avait donnée le 22 septembre 1798.

Comme l'autre, celle-ci devait avoir son apparition, mais plus terrible, plus fatale, plus funèbre encore que la première !

Autour de ce bâtiment, où, la peur, plus encore que l'amour, avait réuni une cour à laquelle il ne manquait que les quelques personnes qui avaient suivi la royauté à Palerme, cour dont la belle courtisane était la reine, se pressaient, nous l'avons dit, plus de cent barques chargées de musiciens, qui, exécutant les mêmes airs que l'orchestre du vaisseau, étendaient, pour ainsi dire, sur le golfe, éclairé par une lune magnifique, une nappe d'harmonie.

Naples était bien, cette nuit-là, la Parthénope antique, fille de la molle Eubée, et son golfe était bien celui des sirènes.

Dans les plus voluptueuses fêtes données sur le lac Maréotis par Cléopâtre à Antoine, le ciel n'avait pas fourni un dais plus constellé d'étoiles, la mer un miroir plus limpide, l'atmosphère une brise plus parfumée.

Il est vrai que, de temps en temps, quelque cri de douleur, poussé par ceux que l'on égorgeait passait dans l'air, au milieu du frémissement des harpes, des violons et des guitares, pareil à une plainte de l'esprit des eaux ; mais Alexandrie, dans ses jours de fête, n'avait-elle pas eu, elle aussi, les gémissements des esclaves sur lesquels on essayait des poisons ?

A minuit, une fusée qui éclata dans le profond azur du ciel napolitain, éparpillant ses étincelles d'or, donna le signal du souper. Le bal cessa, sans que la musique s'éteignît, et les danseurs, devenus convives, descendirent dans l'entre-pont, dont l'entrée jusque-là avait été défendue par des sentinelles.

Si nous parlions encore aujourd'hui le langage en vogue à cette époque, nous dirions que Comus, Bacchus, Flore et Pomone avaient réuni, à bord du *Foudroyant*, leurs trésors les plus précieux. Les vins de France, de Hongrie, de Portugal, de Madère, du Cap, de la Commanderie, étincelaient dans des bouteilles du plus pur cristal d'Angleterre, et eussent pu donner non-seulement la gamme de toutes les couleurs, mais encore celle de toutes les pierres précieuses, depuis la limpidité du diamant jusqu'au carmin du rubis. Des chevreuils et des sangliers, rôtis tout entiers, des paons étalant leur queue d'émeraudes et de saphirs, des faisans dorés dressant hors du plat leur tête de pourpre et d'or, des poissons à épée menaçant les convives de leur lame, des langoustes gigantesques descendant en droite ligne de celles qu'Apicius faisait venir de Stromboli, des fruits de toute espèce, des fleurs de toute saison, encombraient une table qui s'étendait de la proue à la poupe de l'immense bâtiment, dont la longueur devenait incommensurable, centuplée qu'elle était par d'immenses glaces dressées à ses extrémités. A bâbord et à tribord du bâtiment, c'est-à-dire à droite et à gauche, tous les sabords étaient ouverts, et, à la poupe, aux deux côtés de la glace, deux grandes portes donnaient sur l'élégante galerie qui servait de balcon à l'amiral.

Entre chaque sabord étincelaient — ornements pittoresques et guerriers tout à la fois — des trophées de mousquetons, de sabres, de pistolets, de piques et de haches d'abordage dont les lames, si souvent rougies de sang français, réfléchissaient et renvoyaient, éblouissant, l'éclat de mille bougies, et semblaient des soleils d'acier.

Si habitué que le fût Ferdinand aux luxueux repas du palais royal, de la Favorite et de Caserte, il ne put, en mettant le pied sur le plancher de cette nouvelle salle à manger, retenir un cri d'admiration.

Les palais d'Armide, popularisés par la poésie du Tasse, n'offraient rien de plus féerique ni de plus merveilleux.

Le roi prit place à table, et désigna pour s'asseoir à sa droite Emma Lyonna, à sa gauche Nelson, et devant lui sir William. Les autres prirent place, selon les droits que l'étiquette leur donnait d'être plus ou moins rapprochés du roi.

Tout le monde assis, l'œil de Ferdinand erra vaguement sur cette double file de convives. Peut-être pensait-il que celui qui avait les premiers droits à cette fête en était non-seulement absent, mais exilé, et prononçait-il tout bas le nom du cardinal Ruffo.

Mais Ferdinand n'était pas homme à garder longtemps dans son esprit une bonne pensée, surtout lorsque cette bonne pensée portait avec elle le reproche d'ingratitude.

Il secoua la tête, prit le sourire narquois qui lui était habituel, et, de même qu'il avait dit, en rentrant à Caserte, après sa fuite de Rome : « On est mieux ici que sur la route d'Albano ! » il se frotta les mains en disant, par allusion à la tempête qu'il avait essuyée lors de sa fuite en Sicile :

— On est mieux ici que sur la route de Palerme !

Une rougeur passa sur le front blafard et maladif de Nelson. Il pensait à Caracciolo, au triomphe de l'amiral napolitain pendant cette traversée, à l'injure qu'il lui avait faite en venant, déguisé en pilote, à son bord, et en conduisant le *Van-Guard* au milieu des écueils qui hérissent l'entrée du port de Palerme, écueils dans lesquels, moins pratique de ces parages difficiles, il n'avait point osé s'aventurer.

L'œil unique de Nelson lança une flamme, puis un sourire crispa ses lèvres, — probablement celui de la vengeance satisfaite.

Le pilote était parti pour l'Océan où il n'y a point de port!

A la fin du souper, la musique joua le *God save the king*, et Nelson, avec cet implacable orgueil anglais qui n'observe aucune convenance, se leva, et, sans songer, ou plutôt sans s'inquiéter s'il avait à sa table un autre souverain, porta la santé du roi George.

Les hourras frénétiques des officiers anglais assis à la table de Nelson et ceux des matelots postés sur les vergues répondirent à ce toast; les canons de la seconde batterie éclatèrent.

Le roi Ferdinand, qui, sous des dehors vulgaires, cachait une grande science et surtout une grande observation de l'étiquette, se mordit les lèvres jusqu'au sang.

Cinq minutes après, sir William Hamilton porta, à son tour, la santé du roi Ferdinand. Les mêmes hourras éclatèrent, et le canon lui rendit les mêmes honneurs.

Il n'en parut pas moins au roi Ferdinand que l'on avait interverti l'ordre des toasts et que c'était à lui qu'était dû l'honneur de la santé.

Aussi, comme les barques qui entouraient le bâtiment et qui se pressaient surtout à l'arrière avaient fait entendre de frénétiques acclamations, le roi jugea qu'il devait partager ses remercîments entre les convives présents et ceux qui, moins heureux, mais non moins dévoués, entouraient *le Foudroyant*.

Il fit donc un léger signe de tête pour remercier sir William, vida son verre à moitié plein, puis sortit sur la galerie, et alla saluer ceux qui, par crainte, par dévouement ou par bassesse, venaient de lui donner cette marque de sympathie.

A la vue du roi, les hourras, les applaudissements, les acclamations, éclatèrent; les cris de « Vive le roi! » semblèrent sortir du fond de l'abîme pour monter au ciel.

Le roi salua et commença le geste de porter la main à sa bouche; mais tout à coup sa main s'arrêta, son regard devint fixe, ses yeux se dilatèrent horriblement, ses cheveux se dressèrent sur sa tête, et un cri rauque, peignant à la fois l'étonnement et la terreur, érailla sa gorge et sortit de sa poitrine.

En même temps, un grand tumulte se fit à bord des barques, qui s'écartèrent à droite et à gauche en laissant un grand espace vide.

Au milieu de cet espace s'élevait, chose terrible à voir, sortant de l'eau jusqu'à la ceinture, le cadavre d'un homme que, malgré les algues dont était couverte sa chevelure, aplatie contre les tempes, malgré sa barbe hérissée, malgré son visage livide, on pouvait reconnaître pour celui de l'amiral Caracciolo.

Ces cris de « Vive le roi ! » semblaient l'avoir tiré du fond de la mer, où il dormait depuis treize jours, pour venir mêler son cri de vengeance aux cris de la flatterie et de la lâcheté.

Le roi, au premier coup d'œil, l'avait reconnu ; tout le monde l'avait reconnu. Voilà pourquoi Ferdinand était resté le bras suspendu, le regard fixe, l'œil hagard, râlant un cri d'effroi ; voilà pourquoi les barques s'étaient écartées d'un mouvement unanime et précipité.

Ferdinand voulut un instant mettre en doute la réalité de cette apparition, mais inutilement : le cadavre, suivant le mouvement onduleux de la mer, s'inclinait et se redressait, comme s'il eût salué celui qui le regardait, muet et immobile d'épouvante.

Mais peu à peu les nerfs crispés du roi se détendirent, sa main trembla et laissa tomber son verre, qui se brisa sur la galerie, et il rentra pâle, effaré, haletant, cachant sa tête dans ses mains en criant :

— Que veut-il ? que me demande-t-il ?

A la voix du roi, à la terreur visible qui se peignait sur ses traits, tous les convives se levèrent effrayés, et, se doutant que le roi avait vu de la galerie quelque spectacle qui l'avait effrayé, coururent à la galerie.

Au même instant, ces mots, sortis de toutes les bouches comme un frisson électrique, passèrent par tous les cœurs :

— L'amiral Caracciolo !

Et, à ces mots, le roi, tombant sur un fauteuil, répéta :

— Que veut-il ? que me demande-t-il ?

— Que vous lui accordiez le pardon de sa trahison, sire, répondit sir William, courtisan jusqu'en face de ce roi éperdu et de ce cadavre menaçant.

— Non ! s'écria le roi, non ! il veut autre chose ! il demande autre chose !

— Une sépulture chrétienne, sire, murmura à

l'oreille de Ferdinand le chapelain du *Foudroyant*.

— Il l'aura ! répondit le roi, il l'aura !

Puis, trébuchant dans les escaliers, se heurtant aux murailles du navire, il se précipita dans sa chambre, dont il referma la porte derrière lui.

— Harry, prenez une barque et allez repêcher cette charogne, dit Nelson, de la même voix qu'il eût dit : « Déployez le grand hunier, » ou : « Carguez la voile de misaine. »

LXXXVIII

LES REMORDS DE FRA PACIFICO

La fête de Nelson avait fini, comme le songe d'Athalie, par un coup de tonnerre.

Emma Lyonna avait d'abord voulu tenir ferme devant la terrible apparition ; mais le mouvement de la houle qui venait du sud-est, poussant d'un mouvement visible le cadavre vers le vaisseau, elle était rentrée à reculons et était tombée à moitié évanouie sur un fauteuil.

C'est alors que Nelson, inébranlable dans son

courage comme il était implacable dans sa haine, avait donné à Harry l'ordre que nous avons entendu.

Harry avait obéi à l'instant même : une barque du vaisseau avait glissé sur ses palans, six hommes et un contre-maître y étaient descendus, et le capitaine Harry les avait suivis.

Comme une volée d'oiseaux au milieu desquels s'abat un milan, toutes les barques, nous l'avons dit, s'étaient écartées du cadavre, et, musique muette, flambeaux éteints, glissaient à la surface de la mer, faisant jaillir à chaque coup de rames une gerbe d'étincelles.

Celles qui étaient séparées de la terre par le cadavre faisaient un grand détour pour le contourner et agitaient d'autant plus leurs avirons qu'elles avaient un plus grand cercle à parcourir.

Sur le bâtiment, tous les convives, levés de table, s'étaient rejetés en arrière et se pressaient du côté opposé à l'apparition, chacun appelant ses bateliers. Les officiers anglais, seuls, occupaient la galerie, et, par des railleries plus ou moins grossières, apostrophaient le cadavre, vers lequel s'avançaient à grands coups d'avirons le capitaine Harry et ses hommes.

Arrivé près de lui, et voyant que ses hommes hésitaient à le toucher, Harry le prit par les cheveux et essaya de le soulever hors de l'eau; mais on eût dit, tant le corps était pesant, qu'il était retenu dans la mer par une force invisible, et les cheveux restèrent dans la main du capitaine.

Il fit entendre un juron dans l'accent duquel le dégoût dominait, lava sa main dans la mer et ordonna à deux de ses hommes de prendre le cadavre par la corde restée à son cou, et de le tirer dans la barque.

Mais la tête détachée du corps, dont elle ne pouvait supporter le poids, obéit seule à leur effort et vint rouler dans la barque.

Harry frappa du pied.

— Ah! démon! murmura-t-il, tu as beau faire, tu y viendras tout entier, dussé-je t'arracher membre à membre!

Le roi priait dans sa cabine, tenant le chapelain par le collet de son habit et le secouant d'un tremblement nerveux; Nelson faisait respirer des sels à la belle Emma Lyonna; sir William essayait d'expliquer l'apparition à l'aide de la science; les officiers raillaient de plus en plus; les barques continuaient de fuir.

Les matelots, d'après l'ordre du capitaine Harry, avaient passé la corde, qui serrait le cou de Caracciolo, sous ses bras, et attiraient à eux; mais, quoique les corps, dans l'eau, perdent un tiers à peu près de leur pesanteur, les efforts des quatre hommes réunis parvinrent à grand'peine à faire passer le tronc par-dessus le bordage du canot.

Les officiers anglais battirent des mains avec de grands éclats de rire et en criant :

— Hourra pour Harry !

La barque regagna le bâtiment et fut amarrée sous le beaupré.

Les officiers, curieux de connaître le cause de ce phénomène, passèrent du gaillard d'arrière au gaillard d'avant, tandis que les convives quittaient furtivement le vaisseau par les escaliers de tribord et de bâbord, pressés qu'ils étaient de fuir un spectacle qui, pour la plupart d'entre eux, avait quelque chose de diabolique, ou tout au moins de surnaturel.

Sir William avait rencontré juste en disant que les corps des noyés, après un certain temps, se remplissaient d'air et d'eau, et revenaient naturellement à la surface de la mer; mais ce qu'il y avait d'étonnant, d'extraordinaire, de miraculeux, c'est que celui de l'amiral avait exécuté cette ascension, qui avait si fort épouvanté le roi, malgré les deux boulets qui lui avaient été attachés aux pieds.

Le capitaine Harry, au rapport duquel nous empruntons ces détails, pesa les deux boulets ; il affirme qu'ils pesaient deux cent cinquante livres.

Le chapelain de *la Minerve*, celui-là même qui avait préparé Caracciolo à la mort, fut appelé et consulté sur ce qu'il y avait à faire du cadavre.

— Le roi a-t-il été prévenu? demanda-t-il.

— Le roi est un des premiers qui aient vu l'apparition, lui fut-il répondu.

— Et qu'a-t-il dit ?

— Dans sa frayeur, il a permis que le cadavre eût une sépulture chrétienne.

— Eh bien, alors, dit le chapelain, il faut faire ce que le roi a ordonné.

— Faites ce qu'il y a à faire, lui fut-il répondu.

Et l'on ne s'occupa plus de Caracciolo, tout le soin des funérailles étant abandonné au chapelain.

Mais il lui vint bientôt un aide auquel il ne s'attendait pas.

Le corps de l'amiral était resté, toujours vêtu de ses habits de paysan, moins la veste, qu'on lui avait ôtée pour l'exécution, au fond du canot qui l'avait recueilli. Le chapelain s'était assis à l'arrière de la barque, et, à la lueur d'un falot, il lisait les prières des morts, que, par cette belle nuit de juillet, il eût pu lire à la simple lumière de la lune.

Vers le point du jour, il vit venir à lui une barque

conduite par deux bateliers et montée par un seul moine. Ce moine, qui était de haute taille, se tenait debout à l'avant, aussi solide sur la pointe la plus étroite du bateau que s'il eût été marin lui-même.

Comme il fut facilement reconnu par l'officier de quart que les nouveaux arrivants avaient affaire à la barque mortuaire et non au bateau, et que Nelson avait ordonné, sinon de faire, du moins de laisser faire, on ne s'inquiétait aucunement de ce canot, qui, d'ailleurs, ne portait qu'un moine et deux bateliers.

En effet, les deux bateliers dirigeaient le canot droit sur la barque, près de laquelle il se rangea bord à bord.

Le moine échangea quelques paroles avec le chapelain, sauta dans la barque, contempla un instant le cadavre en silence et en laissant échapper de grosses larmes de ses yeux.

Pendant ce temps, le chapelain passa sur le canot qui avait amené le moine, et monta à bord du *Foudroyant*.

Il venait y demander les derniers ordres de Nelson.

Ces derniers ordres furent de faire du cadavre ce que l'on voudrait, le roi ayant permis qu'il eût une sépulture chrétienne.

Cette permission fut rapportée par le chapelain au moine, qui prit alors le cadavre entre ses bras robustes et le transborda de la barque dans le canot.

Le chapelain l'y suivit.

Puis, sur l'ordre du moine, les deux rameurs qui étaient partis du quai del Piliere, nagèrent directement vers Sainte-Lucie, paroisse de Caracciolo.

Quoique le quartier de Sainte-Lucie fût essentiellement royaliste, Caracciolo y avait fait tant de bien, qu'il y était adoré; d'ailleurs, du quartier Sainte-Lucie, la marine napolitaine tire ses meilleurs matelots, et tous ceux qui avaient servi sous l'amiral avaient conservé un vif souvenir de ces trois qualités d'un homme qui commande à d'autres hommes : le courage, la bonté, la justice.

Or, Caracciolo réunissait à un degré supérieur ces trois qualités.

Aussi, aux premiers mots qu'eut échangés le moine avec les quelques pêcheurs qu'il rencontra, et à peine le bruit eut-il couru que le corps de l'amiral venait chercher une sépulture au milieu de ses anciens amis, que tout le quartier fut en rumeur et que le moine n'eut que le choix à faire de la maison où le corps attendrait le moment de la sépulture.

Il donna la préférence à celle qui se trouvait la plus rapprochée de la barque.

Vingt bras s'offrirent pour transporter le cadavre; mais, comme il avait déjà fait, le moine le prit entre ses bras, traversa le quai avec son précieux fardeau, le coucha sur un lit, et revint chercher la tête pour la transporter à son tour comme il avait fait du tronc.

Il demanda un drap pour l'ensevelir, et, cinq minutes après, vingt femmes revenaient, chacune criant :

— C'était un martyr : prenez le mien ; il portera bonheur à la maison.

Le moine choisit le plus beau, le plus neuf, le plus fin, et, tandis que le chapelain continuait de lire les prières, que les femmes à genoux faisaient cercle autour du lit où l'amiral était déposé, et que les hommes, debout derrière elles, encombraient la porte qui dégorgeait jusque dans la rue, le moine, pieusement, dépouilla le corps, réunit la tête au tronc et l'ensevelit dans un double linceul.

Dans la maison voisine, qui était celle d'un menuisier, on entendait retentir les coups de marteau : c'était la bière que l'on clouait à la hâte.

A neuf heures, la bière fut apportée. Le moine y déposa le corps; puis toutes les femmes du quartier y apportèrent chacune, soit une branche de ce laurier qui pousse dans tous les jardins, soit une de ces fleurs qui pendent à toutes les fenêtres, de façon que le corps en fut entièrement couvert.

En ce moment, les cloches de la petite église de Sainte-Lucie tintèrent tristement, et le clergé parut à la porte.

On ferma la bière : six matelots la prirent sur leurs épaules ; le moine la suivit, marchant derrière elle ; toute la population de Sainte-Lucie suivit le moine.

Une dalle était levée dans le chœur, à gauche de l'autel ; les chants funèbres commencèrent.

Exagéré en tout, ce peuple napolitain, qui peut-être avait battu des mains en voyant pendre Caracciolo, fondait en larmes et éclatait en sanglots au chant des prêtres qui priaient sur sa bière.

Les hommes se frappaient la poitrine du poing, les femmes se déchiraient le visage avec leurs ongles.

On eût dit qu'un malheur public, qu'une calamité universelle frappait le royaume.

Mais cela ne s'étendait que de la descente du Géant au château de l'Œuf ; à cent pas de là, on égorgeait et l'on brûlait les patriotes.

Le corps de Caracciolo fut déposé dans le caveau improvisé pour lui et qui n'était point celui de sa famille ; la pierre fut scellée sur son corps, et aucune marque distinctive n'indiqua que c'était là que reposait la victime de Nelson et le défenseur de la liberté napolitaine.

Les San-Luciotes, hommes et femmes, prièrent jusqu'au soir sur la tombe, et le moine avec eux.

Le soir venu, le moine se leva, prit son bâton de laurier, qu'il avait laissé derrière la porte de la maison où avait été enseveli Caracciolo, remonta la descente du Géant, suivit la rue de Tolède au milieu des marques de vénération que lui donnait toute la basse population, entra au couvent de Saint-Estreim, en sortit un quart d'heure après, en poussant devant lui un âne avec lequel il prit le chemin du pont de la Madeleine.

Quand il atteignit les avant-postes de l'armée du cardinal, les témoignages de sympathie qu'il recueillit furent encore plus nombreux et surtout plus bruyants que ceux qu'il avait recueillis dans la ville, et ce fut précédé de la rumeur qu'excitait sa vue qu'il arriva à la petite maison du cardinal, dont les portes s'ouvrirent devant lui comme devant une ancienne connaissance.

Il attacha son âne à l'un des anneaux de la porte et monta l'escalier qui conduisait au premier étage.

Le cardinal prenait le frais du soir sur sa terrasse, laquelle donnait sur la mer.

Au bruit des pas du moine, il se retourna :

— Ah ! c'est vous, fra Pacifico, dit-il.

Le moine poussa un soupir.

— Moi-même, Éminence, dit-il.

— Ah ! ah ! je suis aise de vous revoir. Vous avez été un bon et brave serviteur du roi pendant toute la campagne. Venez-vous me demander quelque chose ? Si ce que vous venez me demander est en mon pouvoir, je le ferai. Mais je vous préviens d'avance, ajouta-t-il avec un sourire amer, que mon pouvoir n'est pas grand.

Le moine secoua la tête.

— J'espère que ce que je viens vous demander, dit-il, ne dépasse pas les limites de votre pouvoir, monseigneur.

— Parlez, alors.

— Je viens vous demander deux choses, monseigneur : mon congé, la campagne étant finie, et la route que je dois suivre pour aller à Jérusalem.

Le cardinal regarda fra Pacifico avec étonnement.

— Votre congé ? dit-il. Il me semble que vous l'avez pris sans me le demander.

— Monseigneur, j'étais rentré à mon couv

c'est vrai ; mais je m'y tenais aux ordres de Votre Éminence.

Le cardinal fit un signe d'approbation.

— Quant à la route de Jérusalem, dit-il, rien de plus facile que de vous l'indiquer. Mais, auparavant, cher fra Pacifico, puis-je vous demander, sans être indiscret, ce que vous allez faire en terre sainte ?

— Un pèlerinage au tombeau de Jésus, monseigneur.

— Êtes-vous envoyé là par votre couvent, ou est-ce une pénitence que vous vous imposez ?

— C'est une pénitence que je m'impose.

Le cardinal demeura un instant pensif.

— Vous avez commis quelque gros péché? demanda-t-il.

— J'en ai peur ! répondit le moine.

— Vous savez, dit le cardinal, que j'ai reçu de grands pouvoirs de l'Église ?

Le moine secoua la tête.

— Monseigneur, dit-il, je crois que la pénitence que l'on s'impose soi-même est plus agréable à Dieu que celle qui nous est imposée.

— Et comment comptez-vous faire ce voyage ?

— A pied et en demandant l'aumône.

— Il est long et fatigant !

— Je suis fort.

— Il est dangereux !

— Tant mieux ! Je ne serais pas fâché d'avoir à frapper, pendant la route, sur autre chose que sur le pauvre Giacobino.

— Vous serez obligé, pour ne pas mettre un trop long temps à votre voyage, de demander de temps en temps passage à des capitaines de bâtiment.

— Je m'adresserai à des chrétiens, et, lorsque je leur dirai que je vais adorer le Christ, ils me l'accorderont.

— A moins, toutefois, que vous ne préfériez que je vous recommande à quelque bâtiment anglais faisant voile pour Beyrouth ou Saint-Jean-d'Acre?

— Je ne veux rien des Anglais, ce sont des hérétiques ! dit fra Pacifico avec une expression de haine bien prononcée.

— N'avez-vous que cela à leur reprocher ? demanda Ruffo en fixant sur le moine son œil perçant.

— Et puis, ajouta fra Pacifico en étendant le poing vers la flotte britannique, et puis ils ont pendu mon amiral !

— Et c'est là le crime dont tu vas demander pardon pour eux au tombeau du Christ?

— Pour moi !... pas pour eux.

— Pour toi? dit Ruffo avec étonnement.

— N'y ai-je pas contribué? demanda le moine.

— Comment?

— En servant une mauvaise cause.

Le cardinal sourit.

— Tu crois donc la cause du roi une mauvaise cause?

— Je crois que la cause qui a mis à mort mon amiral — qui était la justice, l'honneur, la loyauté en personne — ne pouvait être une bonne cause.

Un nuage passa sur le front du cardinal, qui poussa un soupir.

— Puis, continua le moine d'une voix sombre, le ciel a fait un miracle.

— Lequel? demanda le cardinal, déjà instruit de la singulière apparition qui avait troublé la fête donnée la veille à bord du *Foudroyant*.

— Le cadavre du martyr est sorti du fond de la mer, où il était depuis treize jours, pour venir reprocher sa mort au roi et à l'amiral Nelson; et, certes, le Seigneur n'eût point permis cela si cette mort eût été juste.

Le cardinal baissa la tête.

Puis, après un instant de silence :

— Je comprends, dit-il. Et tu veux expier la part involontaire que tu as prise à cette mort?

— Justement, monseigneur et voilà pourquoi je

vous prie de m'enseigner la route la plus directe pour aller en terre sainte.

— La route la plus directe serait de t'embarquer à Tarente et de débarquer à Beyrouth; mais, puisque tu ne veux rien devoir aux Anglais...

— Rien, monseigneur.

— Eh bien, voici ton itinéraire... Le veux-tu par écrit?

— Je ne sais pas lire ; mais j'ai bonne mémoire, ne craignez rien.

— Eh bien, tu partiras d'ici par Avellino, Bénévent, Manfredonia; à Manfredonia, tu t'embarqueras pour Scutari ou Delvino ; tu traverseras le Pirée et tu iras à Salonique ; à Salonique, tu trouveras, un bâtiment qui te conduira soit à Smyrne, soit à Chypre, soit à Beyrouth. Une fois à Beyrouth, en trois jours tu es à Jérusalem. Tu descends au couvent des Franciscains; tu vas faire tes dévotions au saint sépulcre, et, en priant Dieu de te pardonner ta faute, tu le pries, en même temps, de me pardonner la mienne.

— Votre Éminence aussi a donc commis une faute? demanda fra Pacifico en regardant le cardinal avec étonnement.

— Oui, et une grande faute, que Dieu, qui lit dans le fond des cœurs, me pardonnera peut-être, mais que la postérité ne me pardonnera point.

— Laquelle ?

— J'ai remis sur le trône, dont la Providence l'avait précipité, un roi parjure, stupide et cruel. Va, frère, va! et prie pour nous deux!

Cinq minutes après, fra Pacifico, monté sur son âne, prenait le chemin de Nola, sa première étape sur la route de Jérusalem.

LXXXIX

UN HOMME QUI TIENT SA PAROLE

On se rappelle que, le jour même de l'arrivée du roi dans le golfe de Naples, un boulet anglais avait abattu la bannière tricolore qui flottait sur le château Saint-Elme, et que la bannière tricolore avait été remplacée par le drapeau parlementaire.

Ce drapeau parlementaire avait donné si bon espoir au roi, qu'il avait — on doit encore se le rappeler — écrit à Palerme qu'il espérait que la capitulation serait signée le lendemain.

Le roi se trompait ; mais ce ne fut pas la faute du

colonel Mejean, il faut lui rendre cette justice, s'il ne se rendit point le lendemain : ce fut celle du roi.

Le roi avait eu si grand'peur lorsque, le 10 au soir, le cadavre de Caracciolo lui était apparu, qu'il resta au lit le lendemain toute la journée, tremblant la fièvre et refusant de monter sur le pont. On avait beau lui dire que, selon la permission qu'il en avait donnée, le cadavre avait été enterré le matin à dix heures, dans l'église de Sainte-Lucie; il faisait un mouvement de tête qui voulait dire : « Avec un gaillard comme celui-là, je ne me fie à rien. »

Pendant la nuit, on changea d'ancrage et l'on alla jeter l'ancre entre le château de l'Œuf et le Château-Neuf.

Prévenu de ce changement, le roi consentit à sortir de sa chambre ; mais, avant de monter sur le pont, il s'informa soigneusement si l'on ne voyait pas flotter quelque chose à la surface de la mer.

Rien ne flottait, et pas un pli ne ridait la surface azurée.

Le roi respira.

Le duc della Salandra, lieutenant général des armées de Sa Majesté Sicilienne, l'attendait pour lui soumettre les conditions auxquelles le colonel Mejean offrait de rendre le fort.

Voici ces conditions :

« Article premier. — La garnison française du fort Saint-Elme se rendra prisonnière de guerre de Sa Majesté Sicilienne et de ses alliés, et ne servira point contre les puissances actuellement en guerre avec la république française, qu'elle ne soit régulièrement échangée.

» Art. II. — Les grenadiers anglais prendront possession de la porte du fort dans la journée même de la capitulation.

» Art. III. — La garnison française sortira du fort le lendemain du jour de la capitulation avec armes et bagages; hors de la porte du fort, elle attendra, pour être remplacée par lui, un détachement portugais, anglais, russe et napolitain, qui, la garnison sortie, prendra immédiatement possession du fort · là, elle déposera les armes.

» Art. IV. — Les officiers conserveront leur épée.

» Art. V. — La garnison sera embarquée sur l'escadre anglaise, jusqu'à ce que les bâtiments qui doivent la transporter en France soient prêts.

» Art. VI. — Quand les grenadiers anglais prendront possession de la porte, *tous les sujets de Sa Majesté Sicilienne seront consignés aux alliés.*

» Art. VII. — Une garde de soldats français sera mise autour du drapeau français pour empêcher qu'il ne soit détruit. Cette garde restera jusqu'à ce qu'un officier anglais et une garde anglaise viennent la relever ; seulement alors, le pavillon de Sa Majesté pourra flotter sur le fort.

» Art. VIII. — Toutes les propriétés particulières seront conservées à chaque propriétaire ; toute propriété de l'État sera consignée avec le fort, et également les effets provenant du pillage.

» Art. IX. — Les malades hors d'état d'être transportés resteront à Naples avec des chirurgiens français : ils y seront maintenus aux frais du gouvernement français et seront renvoyés en France aussitôt après leur guérison. »

Cette capitulation, rédigée et datée de la veille, était déjà signée Méjean, et n'attendait que l'approbation du roi pour recevoir les signatures du duc della Salandra, du capitaine Troubridge et du capitaine Baillie.

Le roi donna son autorisation, et elle fut signée le même jour.

La signature du cardinal Ruffo manque à cette capitulation ; ce qui prouve qu'il s'était complétement séparé des alliés.

La capitulation, quoiqu'elle portât la date du 11, n'avait été signée que le 12, comme nous avons dit. Ce fut donc le 13 seulement que les alliés se présentèrent à la porte du château Saint-Elme, pour prendre possession de la forteresse.

Une heure auparavant, Mejean fit prier Salvato de venir le trouver dans son cabinet.

Salvato se rendit à l'invitation.

Les deux hommes échangèrent un salut poli mais froid. Le colonel montra une chaise à Salvato : celui-ci s'assit.

Le colonel resta debout, appuyé au dos de sa chaise.

— Monsieur le général, dit-il à Salvato, vous rappelez-vous ce qui s'est passé dans cette salle la dernière fois que j'ai eu l'honneur de vous y recevoir?

— Parfaitement, colonel : nous y conclûmes un traité.

— Vous rappelez-vous dans quels termes le marché fut conclu?

— Il fut convenu que, moyennant vingt mille francs par personne, vous nous déposeriez, la signora San-Felice et moi, sur la terre de France.

— Les conditions ont-elles été remplies?

— Pour une personne seulement

— Êtes-vous en mesure de les remplir pour l'autre?

— Non.

— Que faire?

— Mais c'est bien simple, il me semble : vous voudriez me rendre un service que je ne voudrais pas le recevoir de vous.

— Voilà qui me met à mon aise. Je devais recevoir quarante mille francs pour sauver deux personnes ; j'en ai reçu vingt mille, j'en sauverai une seulement. Laquelle des deux dois-je sauver ?

— La plus faible, celle qui ne pourrait se sauver elle-même.

— Avez-vous donc des chances de vous sauver, vous ?

— J'en ai.

— Lesquelles ?

— N'avez-vous pas vu ce papier qui remplaçait l'argent dans la cassette et qui m'annonçait que l'on veillait sur moi ?

— Me donnerez-vous le déplaisir de vous livrer ? Le sixième article de la capitulation dit que tous les sujets de Sa Majesté Sicilienne seront livrés aux alliés.

— Tranquillisez-vous : je me livrerai moi-même.

— Je vous ai dit tout ce que j'avais à vous dire, fit Mejean avec une inclination de tête qui signifiait : « Vous pouvez remonter chez vous. »

— Mais, moi, je ne vous ai pas tout dit, fit à son

tour Salvato, sans que l'on pût remarquer la moindre altération dans sa voix.

— Parlez.

— Ai-je le droit de vous demander quel moyen vous emploierez pour assurer le salut de la signora San-Felice? Car, vous le comprenez, si je me dévoue c'est pour qu'elle soit sauvée.

— C'est trop juste, et vous avez le droit d'exiger sur ce point les détails les plus minutieux.

— J'écoute.

— Le neuvième article de la capitulation dit que les malades qui ne seront pas en état d'être transportés resteront à Naples. Une de nos vivandières est dans ce cas. Elle restera à Naples : la signora San-Felice prendra sa place et son costume, et je vous réponds qu'il ne tombera pas un cheveu de sa tête.

— C'est tout ce que je voulais savoir, monsieur, dit Salvato en se levant. Il ne me reste plus qu'à vous prier de fair porter le plus tôt possible chez la signora le costume qu'elle doit revêtir.

— Il y sera dans cinq minutes.

Les deux hommes se saluèrent. Salvato sortit.

Luisa attendait avec anxiété ; elle n'ignorait point que Salvato n'avait pu payer que la moitié de la somme, et elle connaissait l'avarice du colonel Méjean.

Salvato entra dans la chambre le sourire sur les lèvres.

— Eh bien? lui demanda vivement Luisa.

— Eh bien, tout est arrangé.

— Il accepte ta parole?

— Non, je lui ai fait une obligation. Tu sors du château Saint-Elme déguisée en vivandière et protégée par l'uniforme français.

— Et toi?

— Moi, j'aurai une petite formalité à remplir, qui me séparera de toi un instant.

— Laquelle? demanda Luisa avec inquiétude.

— C'est de prouver que, quoique né à Molise, je suis au service de la France. Rien de plus facile, tu comprends : tous mes papiers sont au palais d'Angri.

— Mais tu me quittes?

— Pour quelques heures seulement.

— Quelques heures? Tu avais dit un instant.

— Un instant, quelques heures. Diable ! comme il faut être positif avec toi.

Luisa lui jeta les bras autour du cou et l'embrassa tendrement.

— Tu es homme, tu es fort, tu es un chêne, dit-elle ; moi, je suis un roseau. Si tu t'éloignes de moi, je plie à tout vent. Que veux-tu ! ton amour est le dévouement, le mien n'est que l'égoïsme.

Salvato la serra contre son cœur, et, malgré lui, ses nerfs de fer tressaillirent si violemment, que Luisa le regarda étonnée.

En ce moment, la porte s'ouvrit : on apportait l'habit de vivandière promis à Luisa.

Salvato profita de cet incident pour changer le cours des pensées de Luisa. Il lui montra en riant les diverses pièces du costume qu'elle devait revêtir, et la toilette commença.

Il était visible, à la sérénité du front de Luisa, que ses soupçons d'un instant étaient effacés. Elle était charmante dans sa jupe courte à revers rouges, et avec son chapeau orné de la cocarde tricolore.

Salvato ne se lassait pas de la regarder et de lui dire . « Je t'aime ! je t'aime ! je t'aime ! »

Elle souriait, et son sourire était plus éloquent que toutes les paroles.

L'heure passa comme une seconde.

Le tambour battit. Ce tambour annonçait que les grenadiers anglais prenaient possession de la porte du fort.

Salvato tressaillit malgré lui; une légère pâleur envahit son visage.

Il jeta un regard sur la cour où était la garnison sous les armes.

— Il est temps de descendre, dit-il à Luisa, et de prendre notre place dans les rangs.

Tous deux descendirent ; mais, sur le seuil, Salvato s'était arrêté, et, une dernière fois, en soupirant et en embrassant la chambre d'un regard, avait pressé Luisa contre son cœur.

Là aussi, ils avaient été heureux.

Par ces mots : *Les sujets de Sa Majesté Sicilienne seront consignés aux alliés*, on avait entendu les otages qui avaient été confiés à Mejean. Ces otages, au nombre de cinq, étaient déjà dans la cour et formaient un groupe à part.

Mejean fit signe à Salvato d'aller se joindre à eux et à Luisa de se mettre en serre-file.

Il la plaça le plus près de lui possible, afin de pouvoir, en cas de besoin, lui porter la plus immédiate protection.

Il n'y avait rien à dire : le colonel Mejean exécutait ses engagements avec la plus scrupuleuse régularité.

Les tambours battirent : le cri « Marche ! » retentit.

Les rangs s'ouvrirent, les otages prirent leurs places.

Les tambours débouchèrent par la porte du fort

toute l'armée russe, anglaise et napolitaine attendait à l'extérieur.

En avant de cette armée, les trois officiers supérieurs, le duc della Salandra, le capitaine Troubridge et le capitaine Baillie formaient un groupe.

Pour faire honneur à la garnison, ils tenaient d'une main leur chapeau, de l'autre leur épée nue.

Arrivé à l'endroit indiqué, le colonel Mejean fit entendre le mot « Halte! »

Les soldats s'arrêtèrent, les otages sortirent des rangs.

Puis, comme il était dit dans la capitulation, les soldats déposèrent leurs armes; les officiers gardèrent leur épée, qu'ils remirent au fourreau.

Alors, le colonel Mejean s'avança vers le groupe des officiers alliés et dit :

— Messieurs, en vertu de l'article 6 de la capitulation, j'ai l'honneur de vous remettre les otages qui étaient enfermés dans le fort.

— Nous reconnaissons les avoir reçus, dit le duc della Salandra.

Puis, jetant les yeux sur le groupe qui s'avançait :

— Mais, dit-il, nous ne comptions que sur cinq, et ils sont six.

— Le sixième n'est point un otage, dit Salvato; le sixième est un ennemi.

Puis, comme les regards des trois officiers étaient fixés sur lui, tandis que le colonel Mejean, ayant à son tour remis son épée au fourreau, allait reprendre son rang à la tête de la garnison :

— Je suis, continua le jeune homme d'une voix haute et fière, je suis Salvato Palmieri, sujet napolitain, mais général au service de la France.

Luisa, qui avait suivi toute la scène avec le regard d'une amante, jeta un cri.

— Il se perd, dit Mejean. Pourquoi a-t-il parlé? Il était si simple de ne rien dire !

— Mais, s'il se perd, s'écria Luisa, je dois, je veux me perdre avec lui ! Salvato ! mon Salvato ! attends-moi !

Et, s'élançant hors des rangs, en écartant le colonel Mejean, qui lui barrait le passage, elle se jeta dans les bras du jeune homme en criant :

— Et moi, je suis Luisa San-Felice ! Tout avec lui ! la vie ou la mort !

— Messieurs, vous l'entendez, dit Salvato. Nous n'avons plus qu'une grâce à vous demander, c'est, pour le peu de temps que nous avons à vivre, de ne point nous séparer.

Le duc della Salandra se retourna vers les deux autres officiers, comme pour les consulter.

Ceux-ci regardaient les deux jeunes gens avec une certaine compassion.

— Vous savez, dit le duc, qu'il y a des instructions toutes particulières du roi qui ordonnent de condamner à mort la San-Felice.

— Mais elles ne défendent point de la condamner à mort avec son amant, fit observer Troubridge.

— Non.

— Eh bien, faisons pour eux ce qui dépend de nous : donnons-leur cette dernière satisfaction.

— Le duc della Salandra fit un signe : quatre soldats napolitains sortirent des rangs.

— Conduisez ces deux prisonniers au Château-Neuf, dit-il : vous en répondez sur votre tête.

— Est-il permis à madame de quitter ce déguisement et de reprendre ses habits ? demanda Salvato.

— Et où sont ses habits ? demanda le duc.

— Dans sa chambre du château Saint-Elme.

— Jurez-vous que ce n'est pas un prétexte que vous prenez pour essayer de fuir ?

— Je vous jure que madame et moi, dans un quart d'heure, viendrons nous remettre entre vos mains.

— Allez ! nous nous fions à votre parole.

Les deux hommes se saluèrent, et Salvato et Luisa rentrèrent dans le fort.

En rouvrant la porte de cette chambre, qu'elle croyait avoir quittée pour la liberté, l'amour et le bonheur, et où elle rentrait prisonnière et condamnée, Luisa se laissa tomber dans un fauteuil et éclata en sanglots.

Salvato se mit à genoux devant elle.

— Luisa, lui dit-il, Dieu m'est témoin que j'ai fait tout au monde pour te sauver. Tu as toujours refusé de me quitter; tu as dit : « Vivre ou mourir ensemble ! » Nous avons vécu, nous avons été heureux ensemble; en quelques mois, nous avons épuisé plus de joie que la moitié des créatures humaines n'en éprouvent dans toute leur vie. Aujourd'hui, que l'heure de l'épreuve est venue, manqueras-tu de courage ? Pauvre enfant ! as-tu trop présumé de tes forces ? Chère âme, t'es-tu mal jugée ?

Luisa souleva sa tête cachée dans la poitrine de Salvato, secoua ses longs cheveux qui lui retombaient sur le visage, et le regarda à travers ses larmes.

— Pardonne-moi un moment de faiblesse, Salvato, lui dit-elle; tu vois que je n'ai pas peur de la mort, puisque c'est moi qui l'ai cherchée quand j'ai vu que tu m'avais trompée et que tu voulais mourir sans moi, mon bien-aimé. Tu as vu si j'ai hésité et si le cri qui devait nous réunir s'est fait attendre.

— Chère Luisa !

— Mais, en revoyant cette chambre, en songeant aux douces heures que nous y avons passées, en songeant que les portes d'un cachot vont s'ouvrir pour nous, en songeant que nous allons peut-être, éloignés l'un de l'autre, marcher à la mort séparés, oh ! oui, mon cœur s'est brisé. Mais, à ta voix, regarde ! les larmes tarissent, le sourire revient sur mes lèvres. Tant que la vie battra dans nos veines, nous nous aimerons, et, tant que nous nous aimerons, nous serons heureux. Vienne la mort ! si la mort est l'éternité, la mort sera pour nous l'éternel amour.

— Ah ! je reconnais ma Luisa, dit Salvato.

Puis, se levant et passant son bras autour de la taille de Luisa, tandis que de sa bouche il effleurait ses lèvres :

— Debout, lui dit-il, debout, Romaine ! debout, Aria ! Nous leur avons promis d'être de retour dans un quart d'heure : ne les faisons pas attendre une seconde.

Luisa avait repris son courage. Elle dépouilla rapidement son costume de vivandière et revêtit ses anciens habits ; puis, avec la majesté d'une reine, avec ce pas que Virgile donne à la mère d'Énée et qui révèle les déesses, elle descendit l'escalier, traversa la cour, et, appuyée au bras de Salvato, sortit de la forteresse et marcha droit aux trois chefs de l'armée alliée.

— Messieurs, leur dit-elle avec une grâce suprême et avec les accents les plus mélodieux de sa voix, recevez, à la fois, les remerciments d'une femme et les bénédictions d'une mourante, — car, je vous l'ai déjà dit, je suis condamnée d'avance, — pour avoir permis que nous ne fussions point séparés ! Et, si vous pouvez faire que nous soyons enfermés ensemble, que nous marchions au supplice ensemble, que nous montions au même échafaud, cette bénédiction, je la renouvellerai sous la hache du bourreau.

Salvato détacha son épée et la tendit à Baillie et à Troubridge, qui se reculèrent, — puis au duc della Salandra.

— Je la prends, parce je suis forcé de la prendre, monsieur, dit celui-ci ; mais Dieu m'est témoin que j'aimerais mieux vous la laisser. Je dirai plus, monsieur : je suis un soldat et non un gendarme, et, comme je n'ai aucun ordre relativement à vous...

Il regarda les deux officiers, qui firent signe au duc qu'ils le laissaient absolument le maître.

— En me rendant la liberté, dit Salvato, qui comprit ce que voulaient dire et les paroles interrompues et le signe qui achevait la pensée du duc della Salandra, — en me rendant la liberté, la rendez-vous à madame ?

— Impossible, monsieur ! dit le duc : madame est nominativement désignée par le roi ; madame doit être jugée. De toute mon âme, je désire qu'elle ne soit pas condamnée.

Salvato salua.

— Ce qu'elle a fait pour moi, je le fais pour elle ; nos deux destinées sont inséparables dans la vie comme dans la mort.

Et Salvato déposa un baiser sur le front de celle à laquelle il venait de se fiancer pour l'éternité.

— Madame, dit le duc della Salandra, j'ai fait approcher une voiture, vous n'aurez pas l'ennui de traverser les rues de Naples entre quatre soldats.

Luisa fit un signe de remercîment.

Tous deux, précédés des quatre soldats, descendirent la route du Petraïo jusqu'au vico de Santa-Maria-Apparente. Là, une voiture les attendait au milieu d'une grande foule de curieux rassemblés.

Au premier rang de cette foule, était un moine de l'ordre de Saint-Benoît.

Au moment où Salvato passa devant lui, le moine leva son capuchon.

Salvato tressaillit.

— Qu'as-tu ? lui demanda Luisa.

— Mon père ! lui murmura Salvato à l'oreille ; rien n'est perdu !

XC

LA FOSSE DU CROCODILE

Si vous demandez à voir, au Chateau-Neuf, le cachot qui porte le nom de *Fosse du crocodile*, le concierge vous montrera d'abord le squelette du gigantesque saurien qui lui a donné son nom, et que la tradition prétend avoir été pris dans cette fosse; puis il vous fera passer sous la porte au-dessus de laquelle il s'étend, puis il vous conduira à une porte étroite qui donne sur un escalier de vingt-deux degrés et qui mène à une troisième porte de chêne massif, garnie de fer, laquelle s'ouvre enfin sur une profonde et obscure caverne.

Au milieu de ce sépulcre, œuvre impie, creusé par la main des hommes pour ensevelir les cadavres vivants de leurs semblables, on se heurte à une masse de granit, sur laquelle on n'a d'autre prise que la barre de fer qui la traverse. Cette masse de granit ferme l'orifice d'un puits qui communique avec la mer. Dans les jours d'orage, la vague tourmentée et bondissante lance son écume à travers les interstices de la pierre mal jointe au pavé ; l'eau salée envahit alors la caverne et poursuit le prisonnier jusque dans les angles les plus éloignés de sa prison.

Par cette bouche de l'abîme, dit la lugubre légende, sortant du vaste sein de la mer, apparaissait autrefois l'immonde reptile qui a donné son nom à cette fosse.

Presque toujours, il trouvait dans le cachot une proie humaine, et, après l'avoir dévorée, il se replongeait au gouffre.

Là, dit encore le bruit populaire, furent jetés par les Espagnols la femme et les quatre enfants de Masaniello, ce roi des lazzaroni, qui entreprit de délivrer Naples, et qui eut le vertige du pouvoir, ni plus ni moins qu'un Caligula ou un Néron.

Le peuple avait dévoré le père et le mari ; le crocodile, qui a bien quelque ressemblance avec le peuple, dévora la mère et les enfants.

Ce fut dans ce cachot que le commandant du Château-Neuf ordonna de conduire Salvato et Luisa.

A la lueur d'une lampe pendue au plafond, les

deux amants virent plusieurs prisonniers qui, à leur entrée, s'interrompirent dans leur conversation et jetèrent sur eux des regards inquiets. Mais, plus habitués aux demi-ténèbres de ce cachot, les yeux des prisonniers reconnurent les nouveaux venus, et un cri, tout à la fois de joie et de compassion, les accueillit. Un homme se jeta aux pieds de Luisa, une femme se jeta à son cou; trois prisonniers entourèrent Salvato et se saisirent de ses mains; et tous ne formèrent bientôt plus qu'un groupe, dans les accents confus duquel il eût été difficile de distinguer s'il y avait plus de contentement que de douleur.

L'homme qui s'était jeté aux pieds de Luisa était Michele; la femme qui s'était jetée à son cou était Éléonor Pimentel; les trois prisonniers qui avaient entouré Salvato étaient Dominique Cirillo, Manthonnet et Velasco.

— Ah! pauvre chère petite sœur! s'écria le premier Michele; qui nous eût dit que la sorcière Nanno prédisait si juste et devinait si vrai?

Luisa ne put s'empêcher de frissonner, et, avec un sourire mélancolique, elle passa la main sur son cou si frêle et si délicat, et secoua la tête comme pour dire qu'il ne donnerait pas grand'peine au boureau.

Hélas! elle se trompait, même dans cette dernière espérance.

Le désordre causé parmi les prisonniers par l'arrivée de Salvato et de Luisa n'était pas encore calmé, lorsque la porte se rouvrit de nouveau et que l'on vit apparaître sur le sombre seuil un homme de haute taille, vêtu du costume de général républicain, déjà porté par Manthonnet.

— Diable! dit-il en entrant, je suis tenté de dire, comme Jugurtha : « Les étuves de Rome ne sont pas chaudes. »

— Hector Caraffa! s'écrièrent deux ou trois voix.

— Dominique Cirillo! Velasco! Manthonnet! Salvato! Dans tous les cas, il y a meilleure compagnie ici que dans la prison Mamertine. Mesdames, votre serviteur! Comment donc! la signora Pimentel! la signora San-Felice! mais tout est réuni ici : la science, le courage, la poésie, l'amour, la musique. Nous n'aurons pas le temps de nous ennuyer.

— Je ne crois pas qu'on nous le laisse, dit Cirillo de sa voix douce et triste.

— Mais d'où venez-vous donc, mon cher Hector? demanda Manthonnet. Je vous croyais bien loin de nous, en sûreté derrière les murs de Pescara.

— J'y étais en effet, dit Hector. Mais vous avez capitulé, le cardinal Ruffo m'a envoyé un double de votre capitulation, et m'a écrit d'en faire autant que vous autres; l'abbé Pronio m'écrivait, en même temps, de me rendre aux mêmes conditions, me promettant non-seulement la vie sauve, mais encore l'autorisation de me rendre en France. Je ne me suis pas cru déshonoré de faire ce que vous aviez fait; j'ai signé et livré la ville, comme vous avez livré les forts. Le lendemain, l'abbé est venu à moi, l'oreille basse et ne sachant comment m'annoncer la nouvelle. La nouvelle n'était pas bonne, en effet. Le roi lui avait écrit qu'ayant traité avec moi sans pouvoir, il eût à me remettre à lui pieds et poings liés, ou sinon sa tête lui répondait de la mienne. Pronio tenait à sa tête, quoiqu'elle ne fût pas belle; il m'a fait lier les pieds, il m'a fait lier les poings et m'a envoyé à Naples dans une charette comme on envoie un veau au marché. Ce n'est qu'à l'intérieur du Château-Neuf, et quand la porte en a été refermée sur moi, qu'on m'a débarrassé de mes cordes et que l'on m'a conduit ici. Voilà toute mon histoire. A votre tour de conter les vôtres.

Chacun raconta la sienne, à commencer par Salvato et Luisa. Nous la connaissons. Nous connaissons aussi celles de Cirillo, de Velasco, de Manthonnet, de Pimentel. Ils étaient descendus dans les felouques, sur la foi des traités, et Nelson les avait retenus prisonniers.

— A propos, dit Ettore Caraffa quand chacun eut fait son récit, j'ai une bonne nouvelle à vous annoncer : Nicolino est sauvé.

Une joyeuse exclamation s'échappa de toutes les bouches, et l'on demanda des détails.

On se rappelle que, prévenu par le cardinal Ruffo, Salvato avait chargé à son tour Nicolino de prévenir l'amiral que sa vie était menacée ; Nicolino était arrivé à la ferme où était caché son oncle une heure après que celui-ci avait été arrêté. Il avait appris la trahison du fermier, n'en avait point demandé davantage et était allé rejoindre Ettore Caraffa.

Ettore Caraffa l'avait reçu à Pescara, où il avait pris part à la défense de la ville pendant les derniers jours ; mais, lorsqu'il s'était agi de se rendre et de se livrer à l'abbé Pronio, Nicolino n'avait pas eu confiance, avait revêtu un habit de paysan et avait gagné la montagne. Des six conjurés que nous avons vus au château de la reine Jeanne au commencement de notre récit, c'était le seul qui ne fût point tombé aux mains de la réaction.

Cette bonne nouvelle avait, en effet, fort réjoui les prisonniers ; puis, comme nous l'avons dit, ils éprouvaient, au milieu de leur tristesse, une grande joie d'être réunis. Selon toute probabilité, ils seraient jugés et exécutés ensemble. Les girondins avaient joui du même bonheur, et l'on sait qu'ils l'avaient mis à profit.

On apporta le souper pour tous, et des matelas pour les nouveaux venus. Tout en mangeant, Cirillo mit ses trois nouveaux compagnons au courant des us et coutumes de la prison, qu'ils habitaient déjà depuis treize jours et treize nuits.

Les prisons étaient combles : le roi, nous l'avons vu dans une de ses lettres, avouait huit mille prisonniers.

Chacun de ces cercles de l'enfer, qui aurait eu besoin d'un Dante pour être bien décrit, avait ses démons spéciaux chargés de tourmenter les damnés.

Ils devaient rendre les chaînes plus pesantes, irriter la soif, prolonger les jeûnes, enlever la lumière, souiller les aliments, et, tout en faisant de la vie un cruel supplice, empêcher les prisonniers de mourir.

Et, en effet, on devait penser que, soumis à de pareilles tortures précédant des supplices infamants, le suicide serait invoqué par les prisonniers comme un ange libérateur.

Trois ou quatre fois pendant la nuit, on entrait dans les cachots sous prétexte de perquisition, et l'on réveillait ceux qui pouvaient dormir. Tout était défendu, non-seulement les couteaux et les fourchettes, mais encore les verres, sous prétexte qu'avec un fragment de verre, on pouvait s'ouvrir les veines ; — les draps et les serviettes, sous prétexte qu'en les découpant et en les tressant, on pouvait s'en servir comme de cordes ou même en faire des échelles.

L'histoire a conservé le nom de trois de ces tourmenteurs.

L'un était un Suisse nommé Duece, qui donnait pour excuse de sa cruauté une famille nombreuse qu'il avait à nourrir.

L'autre était un colonel de Gambs, un Allemand qui avait été sous les ordres de Mack et avait fui comme lui.

Enfin, le troisième, notre ancienne connaissance, Scipion Lamarra, le porte-enseigne de la reine, que celle-ci avait si chaudement recommandé au cardinal, et qui avait fait honneur à sa royale protectrice en arrêtant, par trahison, Caracciolo, et en le conduisant à bord du *Foudroyant*.

Mais il était convenu entre les prisonniers qu'ils ne donneraient pas à leurs bourreaux le plaisir du spectacle de leurs souffrances. S'ils venaient le jour, ils continuaient leur conversation, changeant de place, voilà tout, selon l'ordre des visiteurs ; tandis que Velasco, charmant musicien, auquel on avait permis d'emporter sa guitare, accompagnait leurs perquisitions de ses airs les plus gais et de ses chants les plus joyeux. Si c'était la nuit, chacun se levait sans plaintes ni murmures, — et c'était vite fait, attendu que chacun, n'ayant que son matelas, se jetait dessus tout habillé.

Pendant ce temps, on transformait, avec toute la célérité possible, le couvent de Monte-Olivetto en tribunal. Ce couvent avait été fondé en 1411, par Cuzella d'Origlia, favori du roi Ladislas; le Tasse y avait trouvé un asile et fait une halte entre la folie et la prison : les prévenus devaient y faire une halte entre la prison et la mort.

La halte était courte, et la mort ne se faisait point attendre. La junte d'État agissait selon le code sicilien, c'est-à-dire en vertu de l'antique procédure des barons siciliens rebelles. On prenait, pour l'appliquer, une loi du code de Roger, et l'on oubliait que Roger, moins jaloux de ses prérogatives que ne l'était le roi Ferdinand, n'avait point déclaré qu'un roi ne traitait point avec ses sujets rebelles, mais, au contraire, après avoir signé un traité avec les habitants de Bari et de Trani, qui s'étaient révoltés contre lui, l'avait ponctuellement exécuté.

Cette procédure, qui ressemblait fort à celle de la chambre obscure, était terrible, en ce qu'elle ne présentait aucune sécurité aux prévenus. Les dénonciations et les espionnages étaient admis comme preuves, et les dénonciateurs et les espions comme témoins. Si le juge le jugeait utile, la torture accourait en aide à la vengeance, pour laquelle elle était encore un soutien, accusateurs et défenseurs étaient tous les hommes de la junte, c'est-à-dire les hommes du roi. Ni les uns ni les autres n'étaient les hommes des accusés. En outre, les accusateurs à charge, entendus secrètememt et sans confrontation avec les accusés, n'avaient point pour contre-poids les témoins à décharge, qui, n'étant appelés ni publiquement ni secrètement, laissaient le prévenu tout entier sous le poids de son accusation et à la merci de ses juges. La sentence, remise alors à la conscience de ceux qui étaient chargés de se prononcer, demeurait sous le funeste arbitrage de la haine royale, sans appel, sans sursis, sans recours. Le gibet était dressé à la porte du tribunal ; la sentence était prononcée dans la nuit, publiée le lendemain, et, le jour suivant, exécutée. Vingt-quatre heures de chapelle, puis l'échafaud.

Pour ceux à qui Sa Majesté faisait grâce, restait la fosse de Favignana, c'est-à-dire une tombe.

Avant d'arriver en Sicile, le voyageur qui va d'orient en occident, voit s'élancer, du sein de la mer, entre Marsala et Trapani, un écueil surmonté d'un fort, c'est-à-dire l'*Agusa* des Romains, île fatale qui était déjà une prison du temps des empereurs païens. Un escalier, creusé dans la pierre, conduit de son sommet à une caverne placée au niveau de la mer. Une lumière funèbre y pénètre, sans que jamais cette lumière soit réchauffée par un rayon de soleil. Enfin, de sa voûte tombe une eau glacée, pluie éternelle qui ronge le granit le plus dur, qui tue l'homme le plus robuste.

Cette fosse, cette tombe, ce sépulcre, c'était la clémence du roi de Naples!

Revenons à notre récit.

Nous avons vu — le soir où le beccaïo, tenant Salvato prisonnier, alla chercher, jusque dans son bouge, le bourreau pour le pendre, — nous avons vu que maître Danato était en train de supputer les gains qu'allaient lui procurer les nombreuses exécutions qu'il ne pouvait manquer de faire.

Sur ces gains était basée la dot de trois cent ducats qu'il promettait à sa fille, le jour où elle épouserait Giovanni, le fils aîné du vieux Basso Tomeo.

Aussi maître Donato avait-il manifesté une joie qui n'avait de comparable que celle du vieux Basso Tomeo, quand il avait vu, à la suite de la rupture des traités, les prisons s'emplir de prévenus, et avait appris de la bouche du roi lui-même, qu'il ne serait fait aucune grâce aux rebelles.

Il y avait huit mille prisonniers : en cotant au plus bas, c'était au moins quatre mille exécutions.

Quatre mille exécutions à dix ducats de prime par exécution, c'étaient quarante mille ducats; quarante mille ducats, c'étaient deux cent mille francs.

Aussi maître Donato et son compère le pêcheur Basso Tomeo étaient-ils, dans les premiers jours de juillet, assis à la même table où nous les avons vus déjà, vidant un fiasco de vin de Capri, extra qu'ils avaient cru pouvoir se permettre, vu la circonstance, supputant sur leurs doigts ce que pouvait donner le minimum des exécutions.

Ce minimum, à leur grande satisfaction à tous deux, ne pouvait s'élever à moins de trente à quarante mille ducats.

En faveur de ce chiffre, et si on l'atteignait, maître Donato promettait d'élever la dot jusqu'au chiffre de six cents ducats.

Maître Danato en était à cette concession, et peut-être, grâce à la bonne humeur que lui donnait cette perspective de potence et d'échafaud, qui s'étendait à perte de vue, comme l'allée des Sphinx, à Thèbes, allait-il en faire quelque autre encore, lorsque la porte s'ouvrit et qu'un huissier de la Vicaria, perdu dans la pénombre, demanda :

— Maître Donato ?

— Avance à l'ordre ! répondit celui-ci ignorant à qui il avait affaire, et porté qu'il était à la gaieté par les calculs qu'il avait faits et le vin qu'il avait bu.

— Avancez à l'ordre vous-même ! répondit l'huissier d'une voix impérative ; car ce n'est pas moi qui ai un ordre à recevoir de vous, c'est vous qui avez un ordre à recevoir de moi.

— Ouais ! dit le père Basso Tomeo ! qui avait l'habitude de voir dans les ténèbres, il me semble que je vois briller une chaîne d'argent sur un habit noir.

— Huissier de la Vicaria, répéta la voix, de la part du procureur fiscal. Cela vous regarde, si vous le faites attendre.

— Allez vite, allez vite, compère ! dit Basso Tomeo. Il paraît que ça va chauffer.

Et il se mit à chanter la tarentelle qui commence par ce vers poétique :

Polichinelle a trois cochons...

— Voilà ! cria maître Donato en se levant vivement de la table et en courant à la porte. Vous l'avez dit, Excellence, monseigneur Guidobaldi n'est point fait pour attendre.

Et, sans prendre le temps de mettre son chapeau, maître Donato suivit l'huissier de la Vicaria.

Le trajet est court de la rue des Soupirs-de-l'Abîme à la Vicaria.

La Vicaria est l'ancien castel Capuano. Pendant la révolution napolitaine, elle joua le rôle qu'avait joué la Conciergerie dans la révolution française : elle servit de halte aux condamnés entre le jugement et la mort.

C'était là que les patients, pour nous servir de l'expression consacrée à Naples, étaient mis *en chapelle*.

Cette chapelle, qui n'est autre chose que la succursale de la prison, n'avait pas servi depuis les exécutions d'Emmanuele de Deo, de Galiani et de Vitagliano.

Le procureur fiscal Guidobaldi la visitait, l'examinait et y faisait faire des réparations.

Il devait s'assurer des serrures, des verrous et des anneaux scellés dans le plancher, et reconnaître s'ils étaient d'une solidité à toute épreuve.

Se trouvant là, il avait pensé à faire d'une pierre deux coups et à envoyer chercher le bourreau.

Nous avons, avec une espèce de respect religieux, pendant notre séjour à Naples, visité cette chapelle, où tout, excepté le tableau enlevé du grand autel, est dans le même état qu'alors.

Elle s'élève au centre de la prison. On y arrive en traversant trois ou quatre grilles de fer.

On monte deux gradins avant d'entrer dans la vraie chapelle, c'est-à-dire dans la chambre où est l'autel. Cette chambre prend sa lumière par une fenêtre basse percée au niveau du parquet et grillée d'un double barreau.

De cette chambre, on arrive, en descendant quatre ou cinq degrés, dans une autre.

C'est dans celle-là que les condamnés passaient les dernières vingt-quatre heures de la vie.

De gros anneaux de fer scellés dans le plancher indiquent la place où les condamnés, couchés sur des matelas, faisaient leur veille d'agonie. Leur chaîne correspondait à ces anneaux.

Sur l'une des faces de la muraille existait alors, et existe encore aujourd'hui, une grande fresque représentant Jésus en croix et Marie agenouillée à ses pieds.

Derrière cette chambre, et en communication avec elle, se trouve un petit cabinet qui a une entrée à part.

C'est dans ce petit cabinet, et par son entrée particulière, que sont introduits les pénitents blancs qui se chargent d'accompagner, d'encourager, de soutenir les condamnés au moment de leur mort.

Il y a dans cette confrérie, dont les membres s'appellent *bianchi*, des prêtres et des laïques. Les prêtres écoutent la confession, donnent l'absolution et le viatique, c'est-à-dire les derniers sacrements, moins l'extrême-onction.

L'extrême-onction étant réservée aux malades, et les condamnés n'étant point malades, mais destinés à périr *par accident*, ne peuvent recevoir l'extrême-onction, qui est le sacrement de l'agonie.

Entrés dans ce cabinet, où ils revêtent cette longue robe blanche qui leur a fait donner le nom de *bianchi*, les pénitents n'abandonnent plus le condamné que quand son corps est déposé dans la fosse.

Ils se tiennent près de lui pendant tout l'intervalle qui sépare la prison de l'échafaud. Sur l'échafaud, ils lui mettent la main sur l'épaule, afin de donner au patient tout le loisir de s'épancher en eux, et le bourreau ne peut le toucher que lorsqu'ils lèvent la main et disent :

— Cet homme vous appartient.

C'était vers cette dernière étape placée sur la route de la mort, que l'huissier de la Vicaria conduisait maître Donato.

Celui-ci entra à la Vicaria, prit l'escalier à gauche, qui conduisait à la prison, longea tout un corridor bordé de cachots, franchit deux grilles, monta un escalier, traversa une troisième grille et se trouva à la porte de la chapelle.

Il entra. La première pièce, c'est-à-dire celle de la chapelle, était vide. Il passa dans la seconde et vit le procureur fiscal qui faisait assurer la porte des *bianchi,* avec deux serrures et trois verrous.

Il se tint debout au bas de l'escalier, et attendit respectueusement que le procureur fiscal s'aperçût de sa présence et lui adressât la parole.

Au bout d'un instant, le procureur fiscal se retourna et découvrit celui qu'il avait envoyé chercher.

— Ah ! c'est vous, maître Donato, lui dit-il.

— Prêt à exécuter vos ordres, Excellence, répondit l'exécuteur.

— Vous savez que nous allons avoir pas mal d'exécutions à faire ?

— Je sais cela, repondit maître Donato avec une grimace qu'il avait l'intention de faire passer pour un sourire.

— C'est pourquoi j'ai désiré qu'avant de commencer, nous nous entendions bien sur le chiffre de vos gages.

— Ah ! c'est bien simple, Excellence, répondit maître Donato d'un air détaché. J'ai six cents ducats de fixe et dix ducats de prime par exécution.

— C'est bien simple ! Peste ! comme vous y allez, mon maître. Je ne trouve pas cela simple du tout, moi.

— Pourquoi ? demanda maître Donato avec un commencement d'inquiétude.

— Parce que, supposé qu'il y ait quatre mille exécutions à dix ducats l'une, cela fait tout bonnement quarante mille ducats, sans compter les appointements fixes, c'est-à-dire à peu près le double de ce que gagne tout le tribunal, depuis le greffier jusqu'au président.

— C'est vrai, fit maître Donato; mais je fais, à moi seul, la besogne qu'ils font tous ensemble, et ma besogne est plus dure : ils condamnent; moi, j'exécute.

Le procureur fiscal, qui était en train de s'assurer qu'un anneau était bien scellé dans le parquet, se dressa, leva ses lunettes jusque sur son front et regarda maître Donato.

— Ah ! ah ! dit-il, c'est votre opinion, maître Donato. Mais il y a une différence, cependant, entre vous et les juges : c'est que les juges sont inamovibles, et que vous pouvez être destitué, vous.

— Moi ? Et pourquoi serais-je destitué ? Ai-je jamais refusé de faire mon devoir ?

— On vous accuse d'être tiède pour la bonne cause.

— Ah! par exemple! moi qui me suis tenu les bras croisés tout le temps de la soi-disant République.

— Parce qu'elle a été assez bête pour ne pas vous décroiser les bras. En tout cas, sachez une chose : c'est qu'il y a vingt-quatre dénonciations contre vous, et plus de douze cents demandes pour vous remplacer.

— Ah! sainte madone del Carmine, que me dites-vous là, Excellence!

— Et sans augmentation, sans prime, à appointements fixes.

— Mais, Excellence, songez donc au travail que je vais avoir.

— Cela compensera le temps où tu es resté sans rien faire.

— Mais Votre Excellence veut donc la ruine d'un pauvre père de famille?

— Ta ruine! Pourquoi penses-tu que je veuille ta ruine? Est-ce qu'il doit m'en revenir quelque chose? D'ailleurs, un homme n'est pas ruiné, ce me semble, avec huit cents ducats d'appointements.

— D'abord, reprit vivement maître Donato, je n'en ai que six cents.

— La magnificence de la junte ajoute, en raison des circonstances, deux cents ducats à tes gages.

— Ah! monsieur le procureur fiscal, vous savez bien que ce n'est pas raisonnable.

— Je ne sais pas si c'est raisonnable, dit Guidobaldi, qui commençait à se fatiguer de la discussion; mais je sais que c'est à prendre ou à laisser.

— Mais songez donc, Excellence...

— Tu refuses?

— Mais non! mais non! s'écria maître Donato; seulement, je fais observer à Votre Excellence que j'ai une fille à marier, que nos enfants, à nous, sont de défaite difficile, et que j'avais compté sur le retour de notre bien-aimé roi pour doter ma pauvre Marina.

— Elle est jolie, ta fille?...

— C'est la plus belle fille de Naples.

— Eh bien, la junte fera un sacrifice : il y aura un ducat par chaque exécution pour la dot de ta fille. Seulement, elle viendra toucher elle-même.

— Où?

— Chez moi.

— Ce sera un grand honneur, Excellence; mais n'importe!

— N'importe quoi?

— Je suis un homme ruiné, voilà tout.

Et, en poussant des soupirs à émouvoir tout autre qu'un procureur fiscal, maître Donato sortit de la Vicaria et regagna sa maison, où l'attendaient Basso Tomeo et Marina, le premier dans l'impatience, la seconde dans l'inquiétude.

La nouvelle, mauvaise pour maître Donato, était bonne pour Marina et pour Basso Tomeo, de sorte que, comme la plupart des nouvelles de ce monde, en vertu de la loi philosophique de compensation, elle apporta la douleur aux uns et la joie aux autres.

Seulement, pour ménager la susceptibilité conjugale de Giovanni, on lui laissa ignorer l'article du traité passé entre son père et le procureur fiscal, article par lequel Marina était obligée d'aller elle-même toucher la prime (1).

(1) Comme on pourrait, à propos de cette diminution dans les honoraires du bourreau, nous accuser de faire de la fantaisie, nous citerons le texte même de l'historien Cuoco :

« La prima operazione di Guidobaldi fù quella di transigere col carnefice. Al numero immenso di coloro ch'egli voleva impiccati, gli parve che fosse esorbitante la mercede di dieci ducati perciascuna operazione, che per antico stabilimento il carnefice esigeva del fisco. Credette poter procurare un gran risparmio sostituendo a quella mercede una pensione mensuale. Egli credeva che almeno per dieci mesi dovesse il carnefice essere ogni giorno occupato. »

7.

XCI

LES EXÉCUTIONS

Le roi quitta Naples ou plutôt la pointe du Pausilippe, — car, ainsi que nous l'avons dit, il n'avait point osé descendre à Naples une seule fois pendant les vingt-huit jours qu'il était resté dans le golfe, — le roi, disons-nous, quitta la pointe du Pausilippe le 6 août, vers midi.

Comme on peut le voir par la lettre suivante, adressée au cardinal, la traversée fut bonne, et aucun cadavre, comme celui de Caracciolo, ne vint plus se dresser devant son bâtiment.

Voici la lettre du roi :

« Palerme, 6 août 1799.

» Mon éminentissime, je ne veux point tarder un moment à vous faire connaître mon heureuse arrivée à Palerme, après le plus heureux voyage du monde, attendu que, mardi matin, à onze heures, nous étions à la pointe du Pausilippe, et qu'aujourd'hui, à deux heures, nous avons jeté l'ancre dans le port de Palerme, avec une charmante brise et une mer comme un lac. J'ai revu toute ma famille en parfaite santé, et j'ai été reçu comme vous pouvez le croire. Donnez-moi, de votre côté, de bonnes nouvelles de nos affaires. Soignez-vous, et croyez-moi toujours votre même affectionné,

» Ferdinand B. »

Mais le roi n'avait pas voulu partir sans avoir vu manœuvrer la junte et officier le bourreau. Le 6 août, c'est-à-dire le jour où il partit, les supplices avaient commencé depuis longtemps, et déjà sept victimes avaient été sacrifiées sur l'autel de la vengeance.

Consignons ici les noms de ces sept premiers martyrs, et disons où ils furent exécutés.

A la porte Capuana :

6 juillet. — Dominico Perla.
7 juillet. — Antonio Tramaglia.
8 juillet. — Giuseppe Lotella.
13 juillet. — Michelangelo Ciccone.
14 juillet. — Nicola Carlomagno.

Au Vieux-Marché :

20 juillet. — Andrea Vitagliano.

Dans le château del Carmine :

3 août. — Gaetano Rossi.

Je n'ai trouvé trace de Dominico Perla que dans la liste des suppliciés. J'ai vainement cherché qui il était et le crime qu'il avait commis. Son nom, dernière ingratitude du sort, n'est pas même inscrit dans le livre des *Martyrs de la liberté italienne* d'Otto Vanucci.

Sur le second, c'est-à-dire sur Tramaglia, nous avons trouvé cette simple mention : « Antonio Tramaglia, officier. »

Le troisième, Giuseppe Lotella, était un pauvre traiteur établi près du théâtre des Florentins.

Le quatrième, Michelangelo Ciccone, est une ancienne connaissance à nous : on se rappelle, en effet, le prêtre patriote que Dominico Cirillo envoya chercher pour recevoir la confession du sbire. Il s'était, comme nous croyons l'avoir dit, rendu célèbre par sa prédication libérale au grand air. Il avait fait dresser des chaires près de tous les arbres de la liberté, et, un crucifix à la main, parlant au nom du premier martyr de cette liberté dont il devait être martyr à son tour, il racontait à la foule les ténébreuses horreurs du despotisme et les splendides triomphes de la liberté, — appuyant surtout ses prédications sur ce que le Christ et les apôtres avaient toujours professé la liberté et l'égalité.

Le cinquième, Nicola Carlomagno, avait été commissaire de la République. Monté sur l'échafaud, et tandis que l'on préparait la corde qui devait l'étrangler, il jeta un dernier regard sur la foule qui l'entourait, et, la voyant compacte et joyeuse :

— Peuple stupide ! s'écria-t-il à haute voix, tu te réjouis aujourd'hui de ma mort ; mais viendra un jour où tu la pleureras avec des larmes amères ; car mon sang retombera sur vos têtes à tous, et, si vous avez le bonheur d'être morts, sur celles de vos enfants !

André Vitagliano, le sixième, était un beau et charmant jeune homme de vingt-huit ans, qu'il ne faut pas confondre avec cet autre martyr de la liberté qui mourut, quatre ans auparavant, sur le même échafaud qu'Emmanuele de Deo et Galiani.

En sortant de sa prison pour aller au supplice, il dit au geôlier en lui donnant le peu d'argent qu'il avait sur lui :

— Je te recommande mes compagnons : ce sont des hommes, et, comme, toi aussi, tu es un homme, peut-être, un jour, seras-tu aussi malheureux qu'ils le sont.

Et il marcha souriant au supplice, monta souriant sur l'échafaud, et mourut en souriant.

Le septième, Gaetano Rossi, était officier; mais, comme il fut exécuté dans l'intérieur du fort del Carmine, aucun détail n'a pu être recueilli sur sa mort.

Dans une seule bibliothèque, on pourrait trouver des détails curieux sur les morts ignorées : c'est dans les archives de la confrérie des *bianchi,* qui, ainsi que nous l'avons dit, accompagnent les condamnés à l'échafaud; mais cette confrérie, entièrement dévouée à la dynastie déchue, nous a refusé tout renseignement.

Ces premières têtes tombées, ou ces premiers corps suspendus au gibet, Naples resta onze jours sans exécution. Peut-être attendait-on des nouvelles de France.

Nos affaires n'étaient point totalement désespérées en Italie. Championnet, comme nous l'avons dit, à la suite de la révolution du 20 prairial, avait été remis à la tête de l'armée des Alpes et avait obtenu un brillant succès. Or, le nom de Championnet était un épouvantail pour Naples, et on l'avait vu arriver si rapidement de Civita-Castellane à Capoue, que l'on croyait qu'il lui faudrait à peine le double de temps pour arriver de Turin à Naples.

Quelques voix commençaient à prononcer le nom de Bonaparte.

La reine elle-même, dans une de ses lettres, et nous croyons avoir cité cette lettre, disait, à propos de la flotte française qui menaçait la Sicile, que, sans aucun doute, cette flotte avait pour but d'aller chercher Bonaparte en Égypte. La reine avait vu juste. Non-seulement le Directoire pensait au retour de Bonaparte, mais encore son frère Joseph lui écrivait pour lui dire la situation de nos armées en Italie et presser son retour en France.

Cette lettre avait été portée à Bonaparte, au siége de Saint-Jean-d'Acre, par un Grec nommé Barbaki, auquel on avait promis trente mille francs s'il remettait cette lettre à Bonaparte en personne. Or, Bonaparte recevait cette lettre, qui lui donnait la première idée de son retour en France, au mois de mai 1799, c'est-à-dire au moment même où avait lieu la marche réactionnaire du cardinal.

Toutes ces circonstances, jointes à ce que l'absence du roi avait rendu quelque pouvoir au cardinal, faisaient faire une halte à la mort. Il en coûtait surtout au cardinal de laisser exécuter des hommes qu'il reconnaissait être garantis par sa capitulation, et, au nombre de ces hommes, ce fort parmi les forts, ce rude capitaine que nous avons vu, une échelle sur l'épaule, l'épée entre les dents, la bannière de l'indépendance à la main, escalader les murs de la cité qui était un fief de sa famille, Hector Caraffa, enfin, qu'il avait, par une lettre de sa main, invité lui-même à se rendre.

Mais, pendant cette trêve entre les bourreaux et les condamnés, le cardinal reçut du roi la lettre suivante, que nous reproduisons dans toute sa naïveté.

« Palerme, 10 août 1799.

« Mon éminentissime, j'ai reçu votre lettre, qui m'a fort réjoui par tout ce qu'elle me dit de la tranquillité et du repos dont on jouit à Naples. J'approuve que vous n'ayez pas permis à Fra-Diavolo d'entrer à Gaete comme il le désirait ; mais, tout en convenant avec vous que ce n'est qu'un chef de brigands, je n'en reconnais pas moins que nous lui avons de grandes obligations. Il faut donc continuer de s'en servir et prendre bien garde de le dégoûter. Mais, en même temps, il faut le convaincre de la nécessité d'imposer, à lui d'abord, et ensuite à ses hommes, le frein de la discipline, s'il veut acquérir un nouveau mérite à mes yeux.

» Passons à autre chose.

» Lorsque Pronio prit Pescara, il expédia un adjudant pour me donner avis qu'il avait en son pouvoir, et bien gardé, le célèbre comte de Ruvo, auquel il avait promis la vie, ce qui n'était pas en son pouvoir. Je lui renvoyai immédiatement le même adjudant avec ordre d'envoyer ledit Ruvo à Naples, en répondant de lui vie pour vie. Faites-moi savoir si Pronio a exécuté mes ordres.

» Tenez-vous en bonne santé, et croyez-moi toujours votre même affectionné,

» FERDINAND B. »

N'est-ce pas une chose curieuse et qui mérite la publicité que cette lettre d'un roi qui recommande, dans un de ses paragraphes, de récompenser un brigand, et, dans un autre, de punir un grand citoyen !

Mais plus curieux encore est ce post-scriptum :

« En rentrant à la maison, je reçois beaucoup de lettres de Naples par deux bâtiments qui en arrivent. J'apprends par ces lettres qu'il y a eu du bruit au Vieux-Marché, parce qu'il ne s'y est plus fait d'exécutions, et, sur ce point, ni de vous, ni du gouvernement, je ne reçois aucune nouvelle, quoique ce soit votre devoir de m'en donner.

» La junte d'État ne doit point hésiter dans ses opérations ni faire des rapports vagues et généraux. Il faut, quand les rapports sont faits, ordonner de les vérifier dans les vingt-quatre heures, frapper les chefs surtout, et, sans cérémonie aucune, les pendre. On m'avait promis des *justices* pour lundi : j'espère qu'on ne les a pas remises à un autre jour. Si vous laissez entrevoir que vous avez peur, *vous êtes frits*. »

Siete friti : la chose est en toutes lettres, et il est impossible de la traduire autrement.

Que vous semble-t-il du « Vous êtes frits ! » C'est peu royal, n'est-ce pas ? mais c'est expressif.

Après une pareille recommandation, il n'y avait plus moyen de différer. Ces lettres reçues le 10 août au soir, furent transmises immédiatement à la junte d'État.

Comme Hector Caraffa était particulièrement nommé dans la lettre royale, on résolut de commencer par lui et par sa fournée, c'est-à-dire par ses compagnons de captivité.

En conséquence, le lendemain 11, à la visite de midi, présidée par le Suisse Duecce, l'ordre fut donné de rouler les matelas et de les entasser dans un coin.

— Ah! ah! dit Hector Caraffa à Manthonnet, il paraît que c'est pour ce soir.

Salvato passa son bras autour de la taille de Luisa et l'embrassa au front.

Luisa, sans répondre, laissa tomber sa tête sur l'épaule de son amant.

— Pauvre femme! murmura Éléonor, la mort lui sera cruelle : elle aime!

Luisa lui tendit la main.

— Enfin, dit Cirillo, nous allons donc connaître ce grand secret discuté depuis Socrate jusqu'à nous, à savoir si l'homme a une âme.

— Pourquoi pas? dit Velasco. Ma guitare en a bien une.

Et il tira de son instrument quelques accords mélancoliques.

— Oui, elle a une âme quand tu la touches, dit Manthonnet : ta main, c'est sa vie; retire ta main de dessus elle, l'instrument sera mort et l'âme envolée.

— Malheureux! qui n'y croit pas, dit Éléonor Pimentel en levant au ciel ses grands yeux espagnols. J'y crois, moi.

— Ah! vous êtes poëte, dit Cirillo, tandis que, moi, je suis médecin.

Salvato entraîna Luisa dans un angle de la prison, s'assit sur une pierre et la fit asseoir sur son genou.

— Écoute, ma bien-aimée, lui dit-il, pour la première fois nous allons parler gravement et sérieusement du danger que nous courons. Ce soir, nous serons conduits au tribunal; cette nuit, nous serons condamnés; demain, nous passerons la journée en chapelle; après-demain, nous serons exécutés.

Salvato sentit tout le corps de Luisa frissonner entre ses bras.

— Nous mourrons ensemble, dit-elle avec un soupir.

— Pauvre chère créature! c'est ton amour qui parle; mais, chez toi, la nature se révolte à l'idée de la mort.

— Ami, au lieu de m'encourager, vas-tu m'affaiblir?

— Oui; car je veux obtenir de toi une chose, c'est que tu ne meures pas.

— Tu veux obtenir de moi que je ne meure pas? Dépend-il donc de moi de vivre ou de mourir?

— Tu n'as qu'un mot à dire pour échapper à la mort, momentanément, du moins.

— Et toi, vivrais-tu?

— Tu sais qu'en te montrant cet homme vêtu d'un costume de moine, je t'ai dit : « Mon père! tout n'est pas perdu. »

— Oui. Et tu espères qu'il pourra te sauver?

— Un père fait des miracles pour sauver son enfant, et mon père est une tête puissante, un cœur courageux, un esprit résolu. Mon père risquera sa vie, non pas une fois, mais dix fois, pour sauver la mienne.

— S'il te sauve, il me sauvera avec toi.

— Et si l'on nous sépare?

Luisa jeta un cri.

— Crois-tu donc qu'ils seront assez inhumains pour nous séparer? demanda-t-elle.

— Il faut tout prévoir, dit Salvato, même le cas où mon père ne pourrait sauver que l'un de nous.

— Qu'il te sauve, alors.

Salvato sourit en haussant doucement les épaules.

— Tu sais bien qu'en ce cas, dit-il, je n'accepterais pas son secours; mais...

— Mais quoi? Achève.

— Mais si, de ton côté, tout en restant prisonnière, tu ne courais plus danger de mort, il y a cent à parier contre un que mon père et moi te sauverions à ton tour.

— Mon ami, mon cerveau se brise à chercher où tu veux en venir. Dis-moi tout de suite ce que tu as à me dire, ou je deviendrai folle.

— Calme-toi, appuie-toi sur mon cœur et écoute.

Luisa leva ses grands yeux interrogateurs sur son amant.

— J'écoute, dit-elle.

— Tu es enceinte, Luisa...

Luisa tressaillit une seconde fois.

— Oh! mon pauvre enfant! murmura-t-elle, qu'a-t-il fait, lui, pour mourir avec moi?

— Eh bien, au lieu de mourir, il faut qu'il vive, et qu'en vivant, il sauve sa mère.

— Que faire pour cela? Je ne te comprends pas, Salvato.

— La femme enceinte est sacrée pour la mort, et la loi ne peut frapper la mère que lorsqu'elle ne frappe plus l'enfant.

— Que dis-tu?

— La vérité. Attends le jugement, et, si, comme nous devons nous y attendre d'après ce que m'a dit le cardinal Ruffo, tu es condamnée d'avance, au moment où le juge prononcera ta sentence, déclare ta grossesse, et cette seule déclaration te donne un sursis de sept mois.

Luisa regarda tristement Salvato.

— Ami, dit-elle, est-ce toi, l'homme inébranlable dans l'honneur, qui me donnes le conseil de me déshonorer publiquement?

— Je te donne le conseil de vivre, peu m'importe par quel moyen, pourvu que tu vives! Comprends-tu?

Luisa continua du même ton, et comme si elle n'eût point entendu :

— Tout le monde sait mon mari absent depuis

plus de six mois, et j'irais dire hautement, quand on me condamnera injustement, pour un crime que je n'ai pas commis : « Je suis une femme infidèle, une épouse adultère. » Oh! je mourrais de honte, mon ami. Tu vois bien que mieux vaut mourir sur l'échafaud.

— Mais lui?

— Qui, lui?

— Lui, notre enfant! As-tu le droit de le condamner à mort?

— Dieu m'est témoin, mon ami, que, si, nous eussions vécu, que si, au sortir de mes entrailles déchirées, j'eusse entendu son premier vagissement, senti son haleine, baisé ses lèvres; — Dieu m'est témoin que j'eusse porté avec orgueil la honte de ma maternité; mais, toi mort demain, moi morte dans sept mois, — car il faut toujours que je meure! — le pauvre enfant sera non-seulement orphelin, mais flétri de la tache éternelle de sa naissance. Un geôlier impitoyable le jettera au coin d'une borne : il y mourra de faim, il y mourra de froid, il y sera écrasé sous les pieds des chevaux. Non, Salvato, qu'il disparaisse avec nous, et, si l'âme est immortelle, comme le croit Léonor et comme je l'espère aussi, nous nous présenterons à Dieu chargés du poids de nos fautes, mais conduisant avec nous l'ange qui nous les fera pardonner.

— Luisa! Luisa! s'écria Salvato, pense! réfléchis!

— Et lui! lui, là-bas, lui si bon, lui si noble, si grand, lorsque, sachant que j'ai eu le courage de le tromper, il apprendrait que je n'ai pas eu le courage de mourir; lorsque tout le monde autour de lui connaîtrait à quel prix j'ai racheté ma vie, sous quel fardeau de honte ne courberait-il pas le front! Oh! rien que de penser à cela, continua Luisa en se levant, mon ami, je me sens forte comme une Spartiate, et, si l'échafaud était là, j'y monterais en souriant!

Salvato se laissa glisser à ses genoux et lui baisa passionnément la main.

— J'ai fait ce que je devais faire, lui dit-il; je te remercie de faire ce que tu dois!

XCII

LE TRIBUNAL DE MONTE-OLIVETO

Hector Caraffa ne s'était point trompé. A neuf heures du soir, on entendit les pas alourdis d'une troupe armée dans l'escalier qui conduisait au cachot des prisonniers; la porte s'ouvrit, et l'on vit dans la pénombre reluire les fusils des soldats.

Les geôliers entrèrent; ils portaient des chaînes qu'ils jetèrent sur le pavé du cachot et qui, en tombant, rendirent un son lugubre.

Le sang du noble comte de Ruvo se révolta.

— Des chaînes! des chaînes! s'écria-t-il; ce n'est point pour nous, je présume?

— Bon! Et pour qui donc voulez-vous que ce soit? demanda en goguenardant un des geôliers.

Hector fit un geste de menace, chercha autour de lui un objet quelconque dont il pût se faire une arme, et, n'en trouvant point, il pesa du regard le rocher qui couvrait l'orifice du puits, et, comme Ajax, fut près de le soulever.

Cirillo l'arrêta.

— Ami, lui dit-il, la cicatrice la plus honorable, après celle que le fer de l'ennemi laisse au bras d'un héros, c'est celle que laissent au bras d'un patriote les chaînes d'un tyran. Voici mon bras ; où sont nos chaînes?

Et le noble vieillard tendit ses deux bras.

Lorsque la porte s'était ouverte, Velasco, selon son habitude, jouait de la guitare et chantait, en s'accompagnant, une gaie chanson napolitaine. Les geôliers étaient entrés, ils avaient jeté leurs chaînes sur le pavé, et Velasco ne s'était pas interrompu.

Hector Caraffa regarda tour à tour Dominique Cirillo et l'imperturbable chanteur.

— Je suis honteux, dit-il ; car je crois, en vérité, qu'il y a ici deux hommes qui sont plus braves que moi.

Et il tendit les bras à son tour.

Puis vint celui de Manthonnet.

Puis Salvato s'approcha. Pendant qu'on l'enchaînait, Éléonor Pimentel et Michele, qui n'avaient pas perdu de vue Luisa pendant tout le temps qu'elle avait parlé à part avec son amant, soutenaient la jeune femme, tout près de tomber.

Salvato enchaîné, Michele poussa un soupir, plutôt causé par le chagrin de quitter sa sœur que par la honte du traitement qu'il subissait, et s'approcha du geôlier.

Velasco continuait de chanter sans que l'on pût reconnaître la moindre altération dans sa voix.

Un geôlier vint à lui : il fit signe qu'on lui laissât finir son couplet, et, le couplet fini, brisa sa guitare et tendit les bras.

On ne jugea point à propos d'enchaîner les femmes.

Une portion des soldats remontèrent l'escalier, afin de laisser entre eux et leurs campagnons une place que prirent les prisonniers, car on ne pouvait monter que deux de front par l'étroite échelle ; puis le reste du détachement se mit à leur suite, et l'on arriva dans la cour.

Là, les soldats se placèrent sur deux rangs enfermant entre eux les prisonniers.

D'autres soldats, placés en serre-file et portant des torches, éclairaient la marche funèbre.

On parcourut ainsi, au milieu des insultes des lazzaroni, toute la rue Medina ; on passa devant la maison des deux Backer, où redoublèrent les injures, la San-Felice ayant été reconnue ; puis on prit la strada Monte-Oliveto, au bout de laquelle, sur le largo du même nom, s'ouvrait la porte du couvent transformé en tribunal.

Les juges, disons mieux, les bourreaux, siégeaient au second étage.

La grande salle, celle du réfectoire, avait été transformée en chambre de justice.

Tendue de noir, elle n'avait d'autre ornement que des trophées de drapeaux aux armes des Bourbons de Naples et d'Espagne, et un immense Christ placé au-dessus de la tête du président, symbole de douleur, non d'équité, et qui semblait être là pour prouver que la justice humaine avait toujours été égarée, soit par la haine, soit par l'abjection, soit par la crainte.

On fit passer les prisonniers par un couloir obscur longeant le prétoire ; ils pouvaient entendre les rugissements de la foule qui les attendait.

— Peuple immonde! murmura Hector Caraffa; sacrifiez-vous donc pour lui!

— Ce n'est pas pour lui seulement que nous nous sacrifions, répondit Cirillo ; c'est pour l'humanité tout entière. Le sang des martyrs est un terrible dissolvant pour les trônes !

On ouvrit la porte qui conduisait à l'estrade préparée pour les prévenus. Un flot de lumière, une bouffée de chaleur, une tempête de cris, arrivèrent jusqu'à eux.

Hector Caraffa, qui marchait le premier, s'arrêta comme suffoqué.

— Entre là comme à Andria, dit Cirillo.

Et l'intrépide capitaine apparut le premier sur l'estrade.

Chacun de ses compagnons fut accueilli, comme il l'avait été lui-même, par des cris et des huées.

A la vue des femmes, les cris et les huées redoublèrent.

Salvato, voyant plier Luisa comme un roseau, lui passa son bras autour de la taille et la soutint.

Puis il embrassa toute la salle d'un regard.

Au premier rang des spectateurs, appuyé à la balustrade qui séparait le public des juges, était un moine bénédictin.

Au moment où les yeux de Salvato se fixèrent sur lui, il leva son capuchon.

— Mon père! murmura tout bas Salvato à l'oreille de Luisa.

Et Luisa se releva sous un rayon d'espoir, comme un beau lis sous un rayon de soleil.

Les yeux des autres prévenus, qui n'avaient personne à chercher dans la salle, se portèrent sur le tribunal.

8.

Il se composait de sept juges, y compris le président, assis dans un hémicycle, en souvenir probablement de l'aréopage athénien.

Les défenseurs et le procureur des accusés, dernière raillerie d'un semblant de justice, étaient adossés à l'estrade des accusés, avec lesquels ils n'avaient pas même été mis en communication.

Un seul des conseillers manquait : don Vicenzo Speciale, le juge du roi.

On savait si bien qu'il parlait au nom de Sa Majesté Sicilienne, que, quoique simple conseiller de nom, il était le véritable président du tribunal.

Il est vrai qu'il y avait un homme qui luttait de zèle avec lui : c'était l'homme qui avait réduit les gages du bourreau, le procureur fiscal Guidobaldi.

Les prévenus s'assirent.

Quoique les fenêtres de la salle du tribunal, située au second étage, fussent ouvertes, les nombreux spectateurs et les nombreuses lumières rendaient l'atmosphère presque impossible à respirer.

— Par le Christ ! dit Hector Caraffa, on voit bien que nous sommes dans l'antichambre de l'enfer ; on étouffe ici !

Guidobaldi se retourna vivement vers lui.

— Tu étoufferas bien autrement, lui dit-il, quand la corde te serrera la gorge !

— Oh ! monsieur, répondit Hector Caraffa, on voit bien que vous n'avez pas l'honneur de me connaître. On ne pend pas un homme de mon nom ; on lui coupe le cou, et, alors, au lieu de ne pas respirer assez, il respire trop.

En ce moment, un frémissement qui ressemblait à de la terreur parcourut la salle : la porte du cabinet des délibérations venait de s'ouvrir, et Speciale entrait.

C'était un homme de cinquante-cinq à soixante ans, aux traits fortement accusés, aux cheveux plats et tombant le long de ses tempes, aux yeux noirs, petits, vifs, haineux, s'arrêtant avec une fixité qui devenait douloureuse pour celui sur lequel ils s'arrêtaient ; un nez en bec de corbin s'abaissait sur des lèvres minces et sur un menton s'avançant presque de la longueur du nez.

Cette tête se maintenait droite, malgré la bosse bien visible, qui, par derrière, soulevait la longue robe noire du conseiller. Il eût été grotesque s'il ne se fût rendu terrible.

— J'ai toujours remarqué, dit Cirillo à Hector Caraffa à demi-voix, et cependant assez haut pour être entendu, que les hommes laids étaient méchants, les contrefaits pires. Et voilà, dit-il en montrant du doigt Speciale, voilà qui vient encore à l'appui de ma remarque.

Speciale entendit ces paroles, fit tourner sa tête comme sur un pivot et chercha des yeux celui qui les avait prononcées.

— Tournez-vous davantage, monsieur le juge, lui dit Michele, votre bosse nous empêche de voir.

Et il éclata de rire, enchanté d'avoir mêlé son mot à la conversation.

Cet éclat de rire eut dans la salle un écho homérique.

Si cela continuait, la séance promettait d'être amusante pour les spectateurs.

Speciale devint livide; mais, presque aussitôt, le rouge lui monta au visage comme s'il allait avoir un coup de sang.

D'une seule enjambée, il franchit la distance qui le séparait de son fauteuil, et y tomba assis en grinçant des dents avec rage.

— Voyons, dit-il, et procédons vivement. Comte de Ruvo, vos noms, prénoms, qualité, âge et profession?

— Mes noms? répondit celui à qui la question était adressée. Ettore Caraffa, comte de Ruvo, des princes d'Andria. Mon âge? Trente-deux ans. Ma profession? Patriote.

— Qu'avez-vous fait pendant la soi-disant République ?

— Vous pouvez prendre la chose de plus haut et me demander ce que j'ai fait sous la monarchie ?

— Inutile.

— Ce n'est pas mon avis, et je vais vous le dire : j'ai conspiré, j'ai été mis au château Saint-Elme par cet immonde Vanni, qui ne se doutait pas, en se coupant la gorge, que l'on pouvait trouver pire que lui; je me suis sauvé ; j'ai rejoint le brave et illustre Championnet; je l'ai aidé, avec mon ami Salvato, que voilà, à battre le général Mack à Civita-Castellana.

— Donc, interrompit Speciale, vous avez servi contre votre pays?

— Contre mon pays, non; contre le roi Ferdinand, oui. Mon pays est Naples, et la preuve que Naples n'a pas été d'avis que j'avais servi contre mon pays, c'est qu'elle m'a prié de la servir encore avec le grade de général.

— Ce que vous avez accepté ?

— De grand cœur.

— Messieurs, dit Speciale, j'espère que nous ne prendrons pas même la peine de délibérer sur le châtiment à infliger à ce traître, à ce renégat.

Ruvo se leva, ou plutôt bondit sur ses pieds.

— Ah! misérable, dit-il en secouant ses fers et en se penchant vers Speciale, ce sont ces chaînes qui te donnent le courage de m'insulter! Si j'étais libre, tu me parlerais autrement.

— A mort! dit Speciale; et, comme tu as le droit, en ta qualité de prince, d'avoir la tête tranchée, tu l'auras, mais par la guillotine.

— *Amen!* dit Hector se rasseyant avec la plus grande insouciance et tournant le dos au tribunal.

— A toi, Cirillo! dit Speciale. Tes noms, ton âge, ta qualité?

— Dominique Cirillo, répondit d'une voix calme celui qui était interrogé. J'ai soixante ans. Sous la monarchie, j'ai été médecin; sous la République, représentant du peuple.

— Et devant moi, aujourd'hui, qu'es-tu?

— Devant toi, lâche! je suis un héros.

— A mort! hurla Speciale.

— A mort!... répéta comme un écho funèbre le tribunal.

— Passons. A toi, là-bas! à toi, qui portes l'uniforme de général de la soi-disant République!

— A moi? dirent, en même temps, Manthonnet et Salvato.

— Non, à toi qui as été ministre de la guerre. Vite, tes noms!...

Manthonnet l'interrompit.

— Gabriel Manthonnet, quarante-deux ans.

— Qu'as-tu fait sous la République?

— De grandes choses, mais pas assez grandes encore, puisque nous avons fini par capituler.

— Qu'as-tu à dire pour ta défense

— J'ai capitulé.

— Ce n'est point assez.

— C'est fâcheux; mais je n'ai pas d'autre réponse à faire à ceux qui foulent aux pieds la loi sainte des traités.

— A mort!

— A mort! répéta le tribunal.

— Et toi, Michele le Fou! continua Speciale. Qu'as-tu fait sous la République?

— Je suis devenu sage, répondit Michele.

— As-tu quelque chose à dire pour ta défense?

— Ce serait inutile.

— Pourquoi?

— Parce que la sorcière Nanno m'a prédit que je serais colonel, puis pendu. J'ai été colonel; il me reste à être pendu. Tout ce que je pourrais dire ne m'en empêcherait pas. Ainsi donc, ne vous gênez pas pour chanter votre refrain : « A mort! »

— A mort! répéta Speciale. A vous maintenant, continua-t-il en montrant du doigt la Pimentel.

Elle se leva, belle, calme et grave comme une matrone antique.

— Moi? dit-elle. Je me nomme Leonora Fonseca Pimentel; je suis âgée de trente-deux ans.

— Qu'avez-vous à dire pour votre défense?

— Rien; mais j'ai beaucoup à dire pour mon accusation, puisque, aujourd'hui, ce sont les héros que l'on accuse et les lâches que l'on récompense.

— Dites alors, puisqu'il vous plaît de vous accuser vous-même.

— J'ai la première crié aux Napolitains : « Vous êtes libres! » j'ai publié un journal dans lequel j'ai dévoilé les parjures, les lâchetés, les crimes des tyrans; j'ai dit, sur le théâtre San-Carlo, l'*Hymne à la Liberté*, de Monti; j'ai...

— Assez, interrompit Speciale; vous continuerez votre panégyrique en marchant à la potence.

Leonora se rassit, calme, comme elle s'était levée.

— A toi, l'homme à la guitare! dit Speciale s'adressant à Velasco; car on m'a dit que tu passais ton temps à jouer de la guitare dans ta prison.

— Est-ce un crime de lèse-majesté?

— Non; et, si tu n'avais fait que cela, quoique ce soit le plaisir d'un fainéant, tu ne serais point ici. Mais, puisque tu y es, fais-moi le plaisir de nous dire tes noms, prénoms, âge, qualité.

— Et s'il ne me plaît point de vous répondre?

— Cela ne m'empêchera pas de t'envoyer à la mort.

— Bon! dit Velasco, j'irai bien sans que tu m'y envoies.

Et, d'un seul bond, d'un bond de jaguar, il sauta par-dessus l'estrade et tomba au milieu du prétoire. Alors, sans qu'on eût le temps de l'arrêter, sans que l'on pût même deviner son intention, il s'élança vers la fenêtre en faisant tournoyer ses chaînes et en criant :

— Place! place!

Chacun s'écarta devant lui. Il bondit sur le rebord de la croisée, mais n'y demeura qu'un instant. Toute la salle poussa un cri de terreur : il venait de plonger dans le vide. Puis, presque aussitôt, on entendit la chute d'un corps pesant qui s'écrasait sur le pavé.

Velasco était allé, comme il l'avait dit, à la mort, sans que Speciale l'y envoyât : il s'était brisé le crâne.

Il se fit un instant de silence pénible dans cette salle si bruyante. Juges, accusés, spectateurs frissonnaient. Luisa se jeta entre les bras de son amant.

— Faut-il lever la séance? demanda le président.

— Pourquoi cela? dit Speciale. Vous l'eussiez condamné à mort : il s'est donné la mort lui-même;

justice est faite. Répondez, monsieur le Français, continua-t-il en s'adressant à Salvato, et dites comment il se fait que vous comparaissiez devant nous.

— Je comparais devant vous, dit Salvato, parce que je suis, non pas Français, mais Napolitain. Je me nomme Salvato Palmieri : j'ai vingt-six ans ; j'adore la liberté, je déteste la tyrannie. C'est moi que la reine a voulu faire assassiner par son sbire Pasquale de Simone ; c'est moi qui ai eu l'audace, en me défendant contre six assassins, d'en tuer deux et d'en blesser deux. J'ai mérité la mort : condamnez-moi.

— Allons, dit Speciale, il ne faut pas refuser à ce digne patriote ce qu'il demande : la mort !

— La mort ! répéta le tribunal.

Luisa s'attendait à ce résultat, et cependant elle laissa échapper un soupir qui ressemblait à un gémissement.

Le moine bénédictin leva son capuchon et échangea un regard rapide avec Salvato.

— La ! maintenant, dit Speciale, au tour de la signora, et ce sera fini. Allons, quoique nous la sachions aussi bien que vous, contez-nous votre petite affaire. Nom, prénoms, âge et qualité, et, ensuite, nous passerons aux Backer.

— Levez-vous, Luisa, et appuyez-vous à mon épaule, dit tout bas Salvato.

Luisa se leva et prit le point d'appui qui lui était offert.

En la voyant si jeune, si belle, si modeste, les spectateurs laissèrent échapper un murmure d'admiration et de pitié.

— Huissier, dit Speciale, faites faire silence.

— Silence! cria l'huissier.

— Parlez, dit Salvato.

— Je me nomme Luisa Molina San-Felice, dit la jeune femme d'une voix douce et tremblante; j'ai vingt-trois ans; je suis innocente du crime dont on m'accuse, mais je ne demande pas mieux que de mourir.

— Alors, dit Speciale, impatient des marques de sympathie que de tous côtés on donnait à l'accusée; alors, vous prétendez que ce n'est pas vous qui avez dénoncé les banquiers Backer?

— Elle le prétend d'autant plus justement, dit Michele, que la personne qui les a dénoncés, c'est moi; celui qui a été chez le général Championnet, c'est moi; celui qui a donné le conseil d'interroger Giovannina, c'est moi. Elle n'est pour rien dans tout cela, pauvre petite sœur! Aussi, vous pouvez bien la renvoyer tranquillement, elle, et lui demander des prières, comme à une sainte qu'elle est.

— Tais-toi, Michele, tais-toi !... murmura Luisa.

— Parle, au contraire, parle, Michele ! dit Salvato.

— Et je puis d'autant mieux parler, dit le lazzarone, qu'à cette heure où je suis condamné, il ne m'en reviendra ni plus ni moins. Pendu pour pendu, autant dire la vérité. Ce sont les mensonges qui étranglent les honnêtes gens, et non la corde. Eh bien, je disais donc que la Madone du pied de la Grotte, sa voisine, n'est pas plus pure qu'elle. Elle revenait tout exprès de Pœstum pour les prévenir, ces pauvres Backer, quand elle les a rencontrés aux mains des soldats qui les conduisaient au Château-Neuf ; et, avant de mourir, le fils lui a écrit pour lui dire qu'il savait bien que ce n'était point elle, mais que c'était moi qui étais la cause de sa mort. Donne la lettre, petite sœur, donne-la ! Ces messieurs la liront ; ils sont trop justes pour te condamner si tu es innocente.

— Je ne l'ai point, murmura la San-Felice : je ne sais ce que j'en ai fait.

— Je l'ai, moi, dit vivement Salvato ; fouille dans cette poche, Luisa, et donne-la.

— Tu le veux, Salvato ! murmura Luisa.

Puis, plus bas encore.

— Et s'il allaient faire grâce !

— Plût au ciel !

— Mais toi ?

— Mon père est là.

Luisa prit la lettre dans la poche de Salvato et la tendit au juge.

— Messieurs, dit Speciale, cette lettre fût-elle de la main de Backer, vous ne lui accorderiez, je l'espère bien, que la confiance qu'elle mérite. Vous savez que Backer fils était l'amant de cette femme.

— L'amant ? s'écria Salvato. Oh ! misérable ! ne touche pas cette immaculée, même avec tes paroles !

— Amoureux de moi, voulez-vous dire, monsieur ?

— Et amoureux jusqu'à la folie, car il n'y a qu'un fou qui puisse confier à une femme le secret d'une conspiration.

— Lisez la lettre, dit Salvato en se levant, et tout haut.

— Oui, tout haut ! tout haut ! cria l'auditoire.

Speciale fut donc forcé d'obéir à cette voix publique, et lut la lettre que nous connaissons, et par laquelle André Backer, comme preuve de sa confiance envers Luisa, et de sa conviction qu'elle n'était pour rien dans la dénonciation du complot royaliste, donnait à la jeune femme la mission de distribuer une somme de quatre cent mille ducats aux victimes de la guerre civile.

Les juges se regardèrent : il n'y avait pas moyen de condamner sur un fait aussi complétement démenti, où la victime absolvait et où le coupable se dénonçait lui-même

Cependant, l'ordre du roi était positif : il fallait condamner, et condamner à mort.

Mais Speciale n'était point homme à demeurer embarrassé pour si peu.

— C'est bien, dit-il, le tribunal abandonne ce chef d'accusation.

Un murmure favorable accueillit ces paroles.

— Mais, continua Speciale, vous êtes accusée d'un autre crime, non moins grave.

— Lequel? demandèrent en même temps Luisa et Salvato.

— Vous êtes accusée d'avoir donné asile à un homme qui venait à Naples pour conspirer contre le gouvernement, de l'avoir gardé six semaines chez vous, et de ne l'avoir laissé sortir que pour aller combattre les troupes du roi légitime.

Luisa, pour toute réponse, baissa la tête et regarda tendrement Salvato.

— Ah bien, en voilà une bonne ! dit Michele. Est-ce qu'elle pouvait le laisser mourir à sa porte, sans secours? est-ce que la première loi de l'Évangile n'est pas de secourir notre prochain?

— Les traîtres, interrompit Speciale, ne sont le prochain de personne.

Puis, comme il était pressé d'en finir avec cette affaire, à laquelle plus qu'il n'eût voulu s'attachait l'intérêt public :

— Ainsi, dit-il, vous avouez avoir reçu, caché, soigné un conspirateur, qui n'est sorti de chez vous que pour aller rejoindre les Français et les jacobins?

— Je l'avoue, dit Luisa.

— Cela suffit. C'est de la trahison, le crime est capital. A mort !

— A mort ! répéta sourdement le tribunal.

Un long et douloureux murmure s'éleva de l'auditoire. Luisa San-Felice, calme et la main sur son cœur, se tourna vers les spectateurs pour les remercier; mais, tout à coup, elle s'arrêta, immobile et l'œil fixe.

— Qu'as-tu? lui demanda Salvato.

— Là, là, vois-tu? dit-elle sans faire aucun geste et en se penchant en avant. Lui! lui ! lui!

Salvato se pencha à son tour du côté que lui indiquait Luisa et vit un homme de cinquante-cinq à soixante ans, vêtu de noir avec élégance, portant la croix de Malte brodée sur son habit. Il s'avançait lentement vers le tribunal, à travers la foule qui s'écartait devant lui.

Il ouvrit la balustrade qui séparait le public de la junte, s'avança jusqu'au milieu du prétoire, et, s'adressant aux juges, qui le regardaient avec étonnement :

— Vous venez de condamner cette femme à mort, dit-il ; mais je viens vous dire que votre jugement ne peut recevoir son exécution.

— Et pourquoi cela ? demanda Speciale.

— Parce qu'elle est enceinte, répondit-il.

— Et comment le savez-vous ?

— Je suis son mari, le chevalier San-Felice.

Il y eut un cri de joie dans l'auditoire, un cri d'admiration sur l'estrade des prévenus. Speciale pâlit en sentant que sa proie lui échappait. Les juges, inquiets, se regardèrent.

— Luciano ! Luciano ! murmura Luisa en tendant les mains vers le chevalier, tandis que de grosses larmes d'attendrissement coulaient de ses yeux.

Le chevalier s'avança vers l'estrade : les soldats s'écartèrent d'eux-mêmes.

Il prit la main de sa femme et la baisa tendrement.

— Ah ! tu avais bien raison, Luisa, dit tout bas

Salvato : cet homme est un ange, et je suis honteux d'être si peu de chose près de lui.

— Conduisez les condamnés à la Vicaria, dit Speciale ; et, ajouta-t-il, remmenez cette femme au Château-Neuf.

La porte qui avait donné passage aux prévenus s'ouvrit pour laisser sortir les condamnés ; mais, avant de quitter l'estrade, Salvato eut encore le temps d'échanger un dernier regard avec son père.

XCIII

EN CHAPELLE

Selon l'ordre donné par Speciale, les condamnés furent conduits à la Vicaria, et Luisa ramenée au Château-Neuf.

Toutefois, les deux amants, trouvant dans les soldats plus de pitié que dans les juges, eurent le loisir de se faire leurs adieux et d'échanger un dernier baiser.

Plein de confiance dans son père, Salvato affirma à son amie qu'il avait bonne espérance, et que, cette espérance, il ne la perdrait même pas au pied de l'échafaud.

Luisa ne répondait que par ses larmes.

Enfin, à la porte, il fallut se séparer.

Les condamnés prirent par la calata Trinita-Maggiore, par la strada Trinita et par le vico Stoto ; après quoi, la rue des Tribunaux les conduisit tout droit à la Vicaria.

Luisa, au contraire, redescendit la strada Monte-Oliveto, la strada Medina et rentra au Château-Neuf, où, en vertu d'une recommandation du prince François, apportée par un homme inconnu, elle fut enfermée dans une chambre particulière.

Nous n'essayerons pas de peindre la situation dans laquelle on la laissa : c'est à nos lecteurs de s'en faire une idée.

Quant aux condamnés, ils s'acheminaient, comme nous l'avons dit, vers la Vicaria, jusqu'à la porte de laquelle leur firent cortége ceux qui avaient assisté à la séance du jugement.

Il faut en excepter cependant le chevalier San-Felice et le moine, qui s'étaient rapprochés l'un de l'autre, courant ensemble, au premier angle de la strada della Guercia, c'est-à-dire à l'angle du vico du même nom.

La porte de la Vicaria était constamment ouverte ; elle recevait du tribunal les condamnés, les gardait douze, quatorze, quinze heures, puis les rejetait à l'échafaud.

La cour était pleine de soldats. Le soir, on étendait pour eux des matelas sous les arcades, et ils y couchaient, enveloppés dans leur capote ou dans leur manteau. D'ailleurs, on était aux jours les plus chauds de l'année.

Les condamnés rentrèrent vers deux heures du matin, et furent conduits directement en chapelle.

Ils étaient évidemment attendus : la chambre où se trouvait l'autel était éclairée avec des cierges ; l'autre, avec une lampe suspendue au plafond.

A terre étaient six matelas.

Une escouade de geôliers attendaient dans cette chambre.

Les soldats s'arrêtèrent sur la porte, prêts à faire feu si, au moment où l'on ôterait les chaînes aux condamnés, quelque rébellion se manifestait parmi eux.

Ce n'était point à craindre. Arrivé à ce point, chacun d'eux se sentait non-seulement sous le regard curieux des contemporains, mais encore sous le regard impartial de la postérité, et nul n'était assez ennemi de sa renommée pour obscurcir, par quelque imprudente colère, la sérénité de sa mort.

Ils se laissèrent donc, avec la même tranquillité que s'il s'agissait d'autres qu'eux, détacher les chaînes qui leur liaient les mains et mettre aux pieds celles qui les scellaient au parquet.

L'anneau était assez près du lit et la chaîne assez longue pour que le condamné pût se coucher.

Levé, il ne pouvait pas s'écarter du lit de plus d'un pas.

En dix minutes, la double opération fut faite : les geôliers se retirèrent les premiers, les soldats ensuite.

Puis la porte, avec ses triples verrous et ses doubles barres, se referma sur eux.

— Mes amis, dit Cirillo, dès que le dernier grincement des portes fut éteint, laissez-moi, comme médecin, vous donner un conseil.

— Ah ! pardieu ! dit en riant le comte de Ruvo, il sera le bienvenu, attendu que je me sens bien malade ; si malade, que je ne passerai pas trois heures de l'après-midi.

— Aussi, mon cher comte, répliqua Cirillo, ai-je dit un conseil et non pas une ordonnance.

— Oh ! alors, je retire mon observation : prenons que je n'ai rien dit.

— Je parie, fit à son tour Salvato, que je devine le conseil que vous alliez nous donner, mon cher Hippocrate : vous alliez nous conseiller de dormir, n'est-ce pas ?

— Justement : le sommeil, c'est la force, et, quoique nous soyons hommes, l'heure venue, nous aurons besoin de notre force, et de toute notre force.

— Comment, mon cher Cirillo, dit Manthonnet, vous qui êtes un homme de précaution, comment ne vous êtes-vous pas, dans la prévision de cette heure, prémuni d'une certaine poudre ou d'une liqueur quelconque qui nous dispense de danser au bout d'une corde, en face de ces imbéciles de lazzaroni, la gigue ridicule dont nous sommes menacés !

— J'y ai pensé ; mais, égoïste que je suis, ne me doutant pas que nous dussions mourir de compagnie, je n'y ai pensé que pour moi seul. Cette bague, comme celle d'Annibal, renferme la mort de celui qui la porte.

— Ah ! dit Caraffa, je comprends maintenant pourquoi vous nous conseillez de dormir : vous vous seriez endormi avec nous, mais vous ne vous seriez pas réveillé.

— Tu te trompes, Hector. Je suis parfaitement décidé à mourir comme vous et avec vous, et, s'il y a quelqu'un qui ait mal dormi et qui, au moment de faire le grand voyage, se sente quelque faiblesse, cette bague est à lui.

— Diable! fit Michele, c'est tentant.

— La veux-tu, pauvre enfant du peuple, qui n'as pas comme nous, pour t'aider à mourir, la ressource de la science et de la philosophie? demanda Cirillo.

— Merci, merci, docteur! dit Michele ; ce serait du poison perdu.

— Pourquoi cela?

— Mais parce que la vieille Nanno m'a prédit que je serais pendu, et que rien ne peut m'empêcher d'être pendu. Faites donc votre cadeau à quelqu'un qui soit libre de mourir à sa façon.

— J'accepte, docteur, dit la Pimentel ; j'espère ne pas m'en servir ; mais je suis femme, et, au moment suprême, je puis avoir un moment de faiblesse. Si ce malheur m'arrive, vous me pardonnerez, n'est-ce pas?

— La voici ; mais vous avez tort de douter de vous-même, dit Cirillo : je réponds de vous.

— N'importe! fit Éléonor en tendant la main, donnez toujours.

Le matelas du docteur était trop éloigné de celui d'Éléonor Pimentel pour que Cirillo passât l'anneau de la main à la main ; mais il le donna au prisonnier le plus proche de lui, qui le fit passer à son voisin, lequel le remit à Éléonor.

— On dit, fit celle-ci, que, lorsqu'on apporta à Cléopâtre l'aspic couché dans un panier de figues, elle commença par caresser le reptile en disant : « Sois la bienvenue, hideuse petite bête ! tu me sembles belle, à moi, car tu es la liberté. » Toi aussi, tu es la liberté, ô bague précieuse, et je te baise comme une sœur.

Salvato, ainsi qu'on l'a vu, n'avait point pris part à la conversation. Il se tenait assis sur son lit, les coudes posés sur ses genoux, sa tête dans ses mains.

Hector Caraffa le regardait avec inquiétude. De son matelas, il pouvait atteindre jusqu'à lui.

— Dors-tu ou rêves-tu? demanda-t-il.

Salvato tira de ses mains sa tête parfaitement calme, et qui n'était triste que parce que la tristesse était le caractère de cette physionomie.

— Non, dit-il, je réfléchis.

— A quoi?

— A un cas de conscience.

— Ah! dit en riant Manthonnet, quel malheur que le cardinal Ruffo ne soit pas là!

— Ce n'est pas à lui que je m'adresserais ; car, ce cas de conscience, vous seul pouvez le résoudre.

— Ah! pardieu! s'écria Hector Caraffa, je ne me

doutais point que l'on m'enfermât ici pour faire partie d'un concile.

— Cirillo, notre maître en philosophie, en science, en honneur surtout, a dit tout à l'heure : « J'ai du poison, mais je n'en ai que pour moi seul; donc, je ne m'en servirai pas. »

— Le voulez-vous? dit vivement Éléonor. Je ne serais pas fâchée de vous le rendre, il me brûle les mains.

— Non, merci; c'est une simple question qu'il me reste à vous poser. Vous ne voulez pas mourir seul, mon cher Cirillo, d'une mort douce et tranquille, tandis que vos compagnons mourraient d'une mort cruelle et infamante?

— C'est vrai. Condamné en même temps qu'eux, il m'a semblé que je devais mourir avec eux et comme eux.

— Maintenant, si, au lieu de la possibilité de mourir, vous aviez la certitude de vivre?

— J'eusse refusé la vie par les mêmes raisons qui m'ont fait repousser la mort.

— Vous pensez tous comme Cirillo ?

— Tous, répondirent d'une seule voix les quatre hommes.

Éléonor Pimentel écoutait avec une avidité croissante.

— Mais, continua Salvato, si votre salut pouvait amener le salut d'un autre, d'un être faible et innocent, qui, pour se soustraire à la mort, ne compte que sur vous, n'espère qu'en vous, et qui mourrait sans vous ?

— Oh ! alors, s'écria vivement Éléonor Pimentel, ce serait notre devoir d'accepter.

— Vous parlez en femme, Éléonor.

— Et nous parlons en hommes, nous, reprit Cirillo, et, comme elle, nous vous disons : « Salvato, ce serait notre devoir d'accepter. »

— C'est votre avis, Ruvo ? demanda le jeune homme.

— Oui.

— C'est votre avis, Manthonnet ?

— Oui.

— C'est votre avis, Michele ?

— Oh ! oui, cent fois oui !

Et, se penchant du côté de Salvato :

— Au nom de la Madone, monsieur Salvato, sauvez-vous et sauvez-la ! Ah ! si je pouvais être sûr qu'elle ne mourra point, j'irais à la potence en dansant, et je crierais : « Vive la Madone ! » la corde au cou.

— C'est bien, dit Salvato, je sais ce que je voulais savoir ; merci.

Et tout rentra dans le silence.

La lampe seule, qui avait épuisé son huile, pétilla un instant, jeta de petits éclairs, et lentement s'éteignit.

Bientôt une lueur grisâtre, annonçant le jour qui devait être le dernier jour des condamnés, transparut tristement à travers les barreaux.

— Voilà l'emblème de la mort : la lampe s'éteint, la nuit se fait, puis vient le crépuscule.

— Êtes-vous bien sûr du crépuscule? demanda Cirillo.

A huit heures du matin, ceux des condamnés qui dormaient furent éveillés par le bruit que fit, en s'ouvrant, la porte de la première chambre, c'est-à-dire celle où était l'autel.

Les geôliers entrèrent dans la chambre des condamnés, et leur chef dit à haute voix :

— La messe des morts !

— A quoi bon la messe? dit Manthonnet. Croit-on que nous ne sachions pas bien mourir sans cela ?

— Nos bourreaux veulent mettre le bon Dieu de leur côté, répondit Ettore Caraffa.

— Je ne vois nulle part que la messe soit instituée par l'Évangile, fit, à son tour, Cirillo, et l'Évangile est ma seule foi.

— C'est bien, dit la même voix impérative : ne

détachez que ceux qui voudront assister à l'office divin.

— Détachez-moi, dit Salvato.

Éléonor Pimentel et Michele firent la même demande.

On les détacha tous trois.

Ils passèrent dans la chambre à côté. Le prêtre était à l'autel : des soldats gardaient la porte, et l'on voyait briller dans le corridor les baïonnettes indiquant que le détachement était nombreux et que, par conséquent, les précautions étaient prises.

Salvato ne s'était fait détacher que pour ne pas laisser échapper une occasion de se mettre en communication avec son père ou les agents de son père qui auraient entrepris de le sauver.

Éléonor avait demandé à entendre la messe parce que, femme et poëte, son esprit la portait à participer au mystère divin.

Michele, parce que, Napolitain et lazzarone, il était convaincu que, sans messe, il n'y avait pas de bonne mort.

Salvato se tint debout, près de la porte de communication des deux chambres ; mais il eut beau interroger des yeux les assistants et plonger son regard dans le corridor, il ne vit rien qui pût lui faire soupçonner que l'on s'occupât de son salut.

Éléonor prit une chaise et s'inclina, appuyée sur le dossier.

Michele s'agenouilla sur les marches mêmes de l'autel.

Michele représentait la foi absolue; Éléonor, l'espérance; Salvato, le doute.

Salvato écouta la messe avec distraction; Éléonor avec recueillement; Michele avec extase.

Il n'avait été que quatre mois patriote et colonel, il avait été toute sa vie lazzarone.

La messe finie, le prêtre demanda :

— Qui veut communier ?

— Moi ! s'écria Michele.

Éléonor s'inclina sans répondre; Salvato secoua la tête en signe de dénégation.

Michele s'approcha du prêtre, se confessa à voix basse et communia.

Puis tous trois furent réintégrés dans la seconde chambre, où on leur apporta à déjeuner, ainsi qu'à leurs compagnons.

— Pour quelle heure ? demanda Cirillo aux geôliers qui apportaient le repas.

L'un d'eux s'approcha de lui.

— Je crois que c'est pour quatre heures, monsieur Cirillo, lui dit-il.

— Ah ! lui dit le docteur, tu me reconnais ?

— Vous avez, l'année dernière, guéri ma femme d'une fluxion de poitrine !

— Et elle va bien depuis ce temps ?

— Oui, Excellence.

Puis, à voix basse :

— Je vous souhaiterais, ajouta-t-il en poussant un soupir, d'aussi longs jours que ceux qu'elle a probablement à vivre.

— Mon ami, lui répondit Cirillo, les jours de l'homme sont comptés ; seulement, Dieu est moins sévère que Sa Majesté le roi Ferdinand : Dieu, parfois, fait grâce ; le roi Ferdinand, jamais ! Tu dis que c'est pour quatre heures ?

— Je le crois, répondit le geôlier ; mais, comme vous êtes beaucoup, ça avancera peut-être d'une heure, afin qu'on ait le temps.

Cirillo tira sa montre.

— Dix heures et demie, dit-il.

Puis, comme il allait la remettre à son gousset :

— Bon ! dit-il, j'allais oublier de la remonter. Ce n'est point une raison qu'elle s'arrête parce que je m'arrêterai.

Et il remonta tranquillement sa montre.

— Y a-t-il quelques-uns des condamnés qui désirent recevoir les secours de la religion ? demanda le prêtre en apparaissant sur le seuil de la porte.

— Non, répondirent d'une seule voix Cirillo, Ettore Caraffa et Manthonnet.

— Comme vous voudrez, répondit le prêtre ; c'est une affaire entre Dieu et vous.

— Je crois, mon père, répondit Cirillo qu'il serait plus juste de dire entre Dieu et le roi Ferdinand.

XCIV

LA PORTE SANT'AGOSTINO-ALLA-ZECCA

Vers trois heures et demie, les condamnés entendirent s'ouvrir la porte extérieure du cabinet des *bianchi*, dont ils étaient séparés par une forte cloison et par une porte garnie de bandes de fer, de cadenas et de verrous ; puis, un bruit de pas et le chuchotement de plusieurs voix.

Cirillo tira sa montre.

— Trois heures et demie, dit-il : mon brave homme de geôlier ne s'est pas trompé.

— Michele ! dit Salvato au lazzarone, qui, depuis qu'il avait communié, se tenait absorbé dans sa prière.

Michele tressaillit, et, sur un signe de Salvato, s'approcha de lui autant que le permettait la longueur de sa chaîne.

— Excellence? demanda-t-il.

— Tâche de ne pas t'éloigner de moi, et, s'il arrive quelque événement inattendu, profites-en.

Michele secoua la tête.

— Oh! Excellence, murmura-t-il, Nanno a dit que je serais pendu, je dois être pendu; cela ne peut se passer autrement.

— Bah! qui sait? dit Salvato.

On entendit s'ouvrir la porte opposée à celle qui donnait dans le cabinet des *bianchi*, c'est-à-dire celle de la chapelle, et un homme parut sur le seuil de la chambre des condamnés, tandis que le bruit des crosses de fusil que les soldats posaient à terre arrivait jusqu'à eux.

Il n'y avait point à se tromper à l'aspect de cet homme : c'était le bourreau.

Il compta les patients.

— Six ducats de prime seulement! murmura-t-il avec un soupir. Et quand je songe que, de ce seul coup, soixante ducats me devaient revenir... Enfin, n'y pensons plus!

Le procureur fiscal Guidobaldi entra, précédé d'un huissier tenant l'arrêt de la junte.

— Détachez les condamnés, dit le procureur fiscal.

Les geôliers obéirent.

— A genoux pour entendre votre arrêt! dit Guidobaldi.

— Avec votre permission, monsieur le procureur fiscal, dit Hector Carraffa, nous aimerions mieux l'entendre debout.

Le ton de raillerie avec lequel étaient prononcées ces paroles fit grincer les dents du juge.

— A genoux, debout, assis, peu importe de quelle façon vous l'entendrez, pourvu que vous l'entendiez et que l'arrêt s'exécute! Greffier, lisez l'arrêt.

L'arrêt condamnait Dominique Cirillo, Gabriel Manthonnet, Salvato Palmieri, Michele il Pazzo et Leonora Pimentel à être pendus, et Hector Caraffa à avoir la tête tranchée.

— C'est bien cela, dit Hector, et il n'y a rien à reprendre au jugement.

— Alors, dit en raillant Guidobaldi, on peut l'exécuter?

— Quand vous voudrez. Je suis prêt pour mon compte, et je présume que mes amis sont prêts comme moi.

— Oui, répondirent les condamnés d'une seule voix.

— Je dois cependant te dire une chose, à toi, Dominique Cirillo, fit Guidobaldi avec un effort qui prouvait ce que cette chose lui coûtait à dire.

— Laquelle? demanda Cirillo.

— Demande ta grâce au roi, et peut-être, comme tu as été son médecin, te l'accordera-t-il. En tout cas, cette demande faite, j'ai ordre d'accorder un sursis.

Tous les regards se fixèrent sur Cirillo.

Mais lui, avec sa voix douce, avec son visage calme, avec ses lèvres souriantes, répondit:

— C'est inutilement qu'on cherche à flétrir ma réputation par une bassesse. Je refuse d'entrer dans cette honteuse voie de salut qui m'est offerte. J'ai été condamné avec des amis qui me sont chers; je veux mourir avec eux. J'attends mon repos de la mort, et je ne ferai rien pour la fuir et pour demeurer une heure de plus dans un monde où règnent l'adultère, le parjure et la perversité.

Léonor saisit la main de Cirillo, et, après l'avoir baisée, brisa sur le plancher le flacon d'opium qu'elle avait reçu de lui.

— Qu'est-ce que cela? demanda Guidobaldi en voyant la liqueur se répandre sur les dalles.

— Un poison qui, en dix minutes, m'eût mise hors de tes atteintes, misérable! répondit-elle.

— Et pourquoi renonces-tu à ce poison?

— Parce que ce serait, il me semble, une lâcheté, du moment que Cirillo ne veut pas nous abandonner, d'abandonner Cirillo.

— Bien, ma fille! s'écria Cirillo. Je ne dirai pas : « Tu es digne de moi! » je dirai : « Tu es digne de toi-même! »

Léonor sourit, et, l'œil au ciel, la main étendue, le sourire à la bouche :

Forsan hæc olim meminisse juvabit!

dit-elle.

— Voyons, dit Guidobaldi impatienté, est-ce fini, et personne n'a-t-il plus rien à demander?

— Personne n'a rien demandé, d'abord, dit le comte de Ruvo.

— Et personne ne demandera rien, dit Manthonnet, si ce n'est que nous finissions cette comédie de fausse clémence le plus tôt possible.

— Geôlier, ouvrez la porte aux *bianchi*, dit le procureur fiscal.

La porte du cabinet s'ouvrit, et les *bianchi* parurent, revêtus de leur longues robes blanches.

Ils étaient douze, deux par chaque condamné.

La porte du cabinet se referma derrière eux.

Un pénitent s'approcha de Salvato, lui prit la

main, et fit, en la prenant, le signe maçonnique.

Salvato lui rendit le même signe, sans que son visage trahit la moindre émotion.

— Vous êtes prêt? demanda le pénitent.

— Oui, répondit Salvato.

La réponse ayant un double sens, personne ne la remarqua.

Quant à Salvato, il ne reconnaissait pas la voix; mais le signe maçonnique lui apprenait qu'il avait affaire à un ami.

Il échangea un regard avec Michele.

— Rappelle-toi ce que je t'ai dit, Michele, fit Salvato.

— Oui, Excellence, répondit le lazzarone.

— Lequel de vous s'appelle Michele? demanda un pénitent.

— Moi, dit vivement Michele croyant qu'il allait apprendre quelque bonne nouvelle.

Le pénitent s'approcha de lui.

— Vous avez une mère? lui demanda-t-il.

— Oui, répondit Michele avec un soupir, et c'est le plus fort de ma peine, pauvre femme! Mais comment savez-vous cela?

— Une pauvre vieille m'a arrêté au moment où j'entrais à la Vicaria.

» — Excellence, m'a-t-elle dit, j'ai une prière à vous faire.

» — Laquelle? ai-je demandé.

» — Je voudrais savoir si vous faites partie des pénitents qui conduisent les condamnés à l'échafaud.

» — Oui.

» — Eh bien, l'un d'eux s'appelle Michele Marino ; mais il est plus connu sous le nom de Michele il Pazzo.

» — N'est-ce pas, lui ai-je demandé, celui qui a été colonel sous la soi-disant République?

» — Oui, le malheureux enfant, répondit-elle, c'est bien lui !

» — Eh bien, après?

» — Eh bien, comme un brave chrétien que vous êtes, vous l'avertirez de tourner, en sortant de la Vicaria, la tête à gauche ; je serai sur la pierre des Banqueroutiers pour le voir une dernière fois et lui donner ma bénédiction.

— Merci, Excellence, dit Michele. C'est un fait que la pauvre chère femme m'aime de tout son cœur. Je lui ai bien fait de la peine toute ma vie ; mais, aujourd'hui, c'est la dernière que je lui ferai !

Puis, en essuyant une larme :

— Voulez-vous me faire l'honneur de m'assister? demanda-t-il au pénitent.

— Volontiers, répondit celui-ci.

— Allons, Michele, dit Salvato, ne nous faisons pas attendre.

— Me voilà, monsieur Salvato, me voilà!

Et Michele se mit à la suite de Salvato.

Les condamnés sortirent de la salle où ils avaient été mis en chapelle, traversèrent la chambre où la messe leur avait été dite, et commencèrent d'entrer dans le corridor, le bourreau en tête.

Ils marchaient dans la disposition qui, sans doute, était celle dans laquelle ils devaient être exécutés :

Cirillo d'abord, puis Manthonnet, puis Michele, puis Éléonor Pimentel, puis Ettore Caraffa.

Chacun des condamnés marchait entre deux *bianchi*.

A la porte de la prison donnant dans la cour s'étendait une double file de soldats, allant de cette première porte à la seconde, qui débouchait sur la place de la Vicaria.

Cette place était encombrée de peuple.

A l'aspect des condamnés, une formidable rumeur s'éleva de la foule :

— A mort, les jacobins! à mort!

Il était évident que, sans la double file de soldats

qui les protégeait, ils n'eussent point fait cinq pas dans la rue sans être mis en pièces.

Des couteaux brillaient dans toutes les mains, des menaces dans tous les yeux.

— Appuyez-vous sur mon épaule, dit à Salvato le pénitent qui marchait à sa droite et qui s'etait fait connaître à lui pour maçon.

— Croyez-vous donc que j'aie besoin d'être soutenu? lui demanda en souriant Salvato.

— Non ; mais j'ai des instructions à vous donner.

On avait fait une quinzaine de pas hors de la Vicaria, et l'on se trouvait en face de la colonne qui surmonte la pierre dite des Banqueroutiers, parce que c'était en s'asseyant, le derrière nu, sur cette pierre que les banqueroutiers du moyen âge se déclaraient en faillite.

— Halte! dit le pénitent qui était à la gauche de Michele.

Dans ces sortes de marches funèbres, les pénitents jouissent d'une autorité que personne ne songe à leur contester.

Maître Donato s'arrêta le premier, et, derrière lui, s'arrêtèrent pénitents, soldats, condamnés.

— Jeune homme, dit à Michele le pénitent qui avait crié : « Halte! » fais tes adieux à ta mère! —

Femme, ajouta-t-il en s'adressant à la vieille, donne la dernière bénédiction à ton fils!

La vieille descendit de la pierre sur laquelle elle était montée, et Michele se jeta dans ses bras.

Pendant quelques secondes, ni l'un ni l'autre ne purent parler.

Le pénitent qui était à la droite de Salvato en profita pour lui dire :

— Dans le vico Sant'Agostino-alla-Zecca, au moment où nous arriverons en face de l'église, il y aura un tumulte. Montez sur les marches de l'église et appuyez-vous contre la porte en la frappant du talon.

— Le pénitent qui est à ma gauche est-il des nôtres?

— Non. Faites semblant de vous occuper de Michele.

Salvato se retourna vers le groupe que formaient Michele et sa mère.

Michele venait de relever la tête et regardait autour de lui.

— Et elle, demanda-t-il, elle n'est pas avec vous?
— Qui, elle?
— Assunta.
— Ses frères et son père l'ont enfermée au couvent de l'Annonciata, où elle pleure et se désespère,

et ils ont juré que, s'ils pouvaient t'arracher aux mains des soldats, le bourreau n'aurait pas le plaisir de te pendre, attendu qu'ils auraient celui de te mettre en pièces. Giovanni a même ajouté : « Ça me coûtera un ducat, mais n'importe! »

— Ma mère, vous lui direz que je lui en voulais de m'avoir abandonné, mais qu'à cette heure, où je sais qu'il n'y a pas de sa faute, je lui pardonne.

— Allons, dit le pénitent, il faut se quitter.

Michele se mit à genoux devant sa mère, qui lui posa les deux mains sur la tête et le bénit mentalement; car la pauvre femme, étouffée par les sanglots, ne pouvait plus proférer une seule parole.

Le pénitent prit la vieille femme par-dessous les bras et l'assit sur la pierre, où elle resta comme une masse inerte, la tête appuyée sur ses deux genoux.

—Marchons, dit Michele.

Et, de lui-même, il reprit son rang.

Le pauvre garçon n'était ni un esprit fort comme Ruvo, ni un philosophe comme Cirillo, ni un cœur de bronze comme Manthonnet, ni un poëte comme Pimentel : c'était un enfant du peuple, accessible à tous les sentiments et ne sachant ni les réprimer ni les cacher.

Il marchait la jambe ferme, la tête droite, mais les joues humides de larmes.

On suivit un instant la strada dei Tribunali; puis on prit à gauche le vico delle Lite; on traversa la rue Forcella, et l'on entra dans le vico Sant'Agostino-alla-Zecca.

Un homme se tenait à l'entrée de cette rue avec une charrette attelée de deux buffles.

Il sembla à Salvato que le pénitent qui était à sa droite avait échangé un signe avec le charretier.

— Tenez-vous prêt.

— A quoi?

— A ce que je vous ai dit.

Salvato se retourna et vit que l'homme aux buffles suivait le cortége avec sa charrette.

Un peu en avant de l'estrade del Pendino, la rue était barrée par une voiture de bois dont l'essieu était cassé.

L'homme dételait ses chevaux, afin de décharger la voiture.

Cinq ou six soldats se portèrent en avant en criant : « Place ! place ! » et en essayant, en effet, de débarrasser la rue.

On était en face de l'église de Sant'Agostino-alla-Zecca.

Tout à coup, des mugissements horribles se firent entendre, et, comme s'ils étaient atteints de folie, les buffles, les yeux sanglants, la langue pendante, soufflant le feu par les naseaux, traînant après eux la charrette avec un bruit pareil à celui du tonnerre, se ruèrent sur le cortége, foulant aux pieds, écrasant contre les maisons le peuple dont la rue était encombrée et l'arrière-garde des soldats, qui voulaient vainement les arrêter de leurs baïonnettes.

Salvato comprit que c'était le moment. Il écarta du coude le second pénitent qui était à sa gauche, renversa le soldat qui faisait la file à sa hauteur, et en criant : « Gare les buffles ! » et, comme s'il cherchait seulement à fuir le danger, il bondit sur les marches de l'église, et s'appuya à la porte, qu'il frappa du talon.

La porte s'ouvrit, comme, dans une féerie bien machinée, s'ouvre une trappe anglaise, et, avant que l'on eût eu le temps de voir par où il avait disparu, elle se referma sur lui.

Michele avait voulu suivre Salvato ; mais un bras de fer l'avait arrêté. C'était celui du vieux pêcheur Basso Tomeo, le père d'Assunta.

CXV

COMMENT ON MOURAIT A NAPLES EN 1799

Quatre hommes armés jusqu'aux dents attendaient Salvato dans l'intérieur de l'église.

L'un d'eux lui ouvrit les bras. Salvato se jeta sur son cœur en criant :

— Mon père !

— Et maintenant, dit celui-ci, pas un instant à perdre ! Viens ! viens !

— Mais fit Salvato résistant, ne pouvons-nous pas sauver mes compagnons ?

— N'y songeons même pas, dit Joseph Palmieri, ne songeons qu'à Luisa.

— Ah ! oui, s'écria Salvato. Luisa ! sauvons Luisa !

D'ailleurs, Salvato eût voulu résister, que la chose lui eût été impossible : au bruit des crosses de fusil contre la porte de l'église, Joseph Palmieri entraînait, avec la force d'un géant, son fils vers la sortie qui donne dans la rue des Chiarettieri-al-Pendino.

A cette sortie, quatre chevaux tout sellés, ayant chacun une carabine à l'arçon, attendaient leurs cavaliers, guidés par deux paysans des Abruzzes.

— Voici mon cheval, dit Joseph Palmieri en sautant en selle ; et voilà le tien, ajouta-t-il en montrant un second cheval à son fils.

Salvato était, lui aussi, en selle avant que son père eût achevé la phrase.

— Suis-moi ! lui cria Joseph.

Et il s'élança le premier par le largo del Elmo, par le vico Grande, par la strada Egiziaca à Forcella.

Salvato le suivit ; les deux autres hommes galopèrent derrière Salvato.

Cinq minutes après, ils sortaient de Naples par la porte de Nola, prenaient la route de Saint-Corme, se jetaient à gauche par un sentier à travers les marais, gagnaient au-dessus de Capodichino la route de Casoria, laissaient Sant' Antonio à leur gauche, Acerra à leur droite, et, distançant, grâce à l'excellence de leurs chevaux, les deux hommes qui leur servaient d'escorte, ils s'enfonçaient dans la vallée des Fourches-Caudines.

Maintenant, pour ceux de nos lecteurs qui veulent l'explication de tout, nous donnerons cette explication en deux mots.

Joseph Palmieri, dans un court voyage qu'il avait fait à Molise, avait trouvé une douzaine d'hommes dévoués, qu'il avait ramenés avec lui à Naples.

Un de ses anciens amis, agrégé à la corporation des *bianchi*, s'était chargé, sous le prétexte d'assister Salvato comme pénitent, de faire savoir au condamné ce qui se tramait pour son salut.

Un des paysans de Joseph Palmieri avait barré la rue avec une charrette de bois.

L'autre attendait le passage du cortége avec une charrette attelée de deux buffles, tenant presque toute la largeur de la rue.

Le cortége passé, le paysan avait laissé tomber dans l'oreille de chacun de ses buffles un morceau d'amadou allumé.

Les buffles étaient entrés en fureur et s'étaient élancés en mugissant dans la rue, renversant tout ce qu'ils rencontraient devant eux.

De là le désordre dont Salvato avait profité.

Ce désordre ne s'était point calmé à la disparition de Salvato.

Nous avons dit que Michele avait été tenté de suivre celui-ci, mais avait été arrêté par le vieux pêcheur Basso Tomeo, qui avait juré de le disputer au bourreau.

Et, en effet, une lutte s'était établie non-seulement

entre les lazzaroni, qui voulaient mettre Michele en pièces, attendu qu'il avait déshonoré leur respectable corps en portant l'uniforme français, mais encore entre eux et Michele, qui, à tout prendre, aimait encore mieux être pendu que mis en pièces.

Les soldats de l'escorte étaient venus en aide à Michele et étaient parvenus à le tirer des mains de ses anciens camarades, mais dans un déplorable état.

Les lazzaroni ont la main leste, et il avaient eu le temps d'allonger à Michele deux ou trois coups de couteau.

Il en résulta que, comme le pauvre diable ne pouvait plus marcher, on s'empara de la charrette qui barrait la rue pour lui faire faire le reste du chemin.

Quant à Salvato, on s'était bien aperçu de sa fuite, puisque cette fuite avait été hâtée par les coups de crosse de fusil donnés par les soldats dans la porte de l'église; mais cette porte était trop solide pour être enfoncée : il fallait faire le tour de l'église et même de la rue par la strada del Pendino. On le fit, mais cela dura un quart d'heure, et, quand on arriva à la sortie de l'église, Salvato était hors de Naples, et, par conséquent, hors de danger.

Aucun des autres condamnés n'avait fait le moindre mouvement pour fuir.

Salvato disparu, Michele couché dans sa charrette, le cortége funèbre reprit donc sa marche vers le lieu de l'exécution, c'est-à-dire vers la place du Vieux-Marché.

Mais, pour donner plus grande satisfaction au peuple, on lui fit faire un grand détour par la rue Francesca, de manière à le faire déboucher sur le quai.

Les lazzaroni avaient reconnu Éléonor Pimentel, et, en dansant aux deux côtés du cortége, qu'ils accompagnaient avec des huées et des gestes obscènes, ils chantaient :

> La signora Dianora,
> Che cantava ncoppa lo triato,
> Mo alballa muzzo a lo mercato.

> Viva, viva lo papa santo,
> Che a marmato i cannoncini,
> Per distruggere i giacobini!

> Viva la forca e maestro Donato!
> Sant'Antonio sia lodato!

Ce qui voulait dire :

> La signora Dianora,
> Qui chantait sur le théâtre,
> Maintenant danse au milieu du marché.

> Vive, vive le saint pape,
> Qui a envoyé de petits canons
> Pour détruire les jacobins!
>
> Vive la potence et maître Donato!
> Et que saint Antoine soit loué!

Ce fut au milieu de ces cris, de ces huées, de ces bouffonneries, de ces insultes, que les condamnés débouchèrent sur le quai, suivirent la strada Nuova, et atteignirent la rue des Soupirs-de-l'Abîme, d'où ils aperçurent les instruments du supplice, dressés au centre du Vieux-Marché.

Il y avait six gibets et un échafaud.

Un des gibets s'élevait au-dessus des autres à la hauteur de dix pieds.

Une pensée obscène l'avait fait dresser pour Eléonor Pimentel.

Comme on le voit, le roi de Naples était plein d'attention pour ses bons lazzaroni.

Au coin du vico della Conciaria, un homme, hideux de mutilation, avec une balafre lui fendant le visage en deux et lui crevant un œil, avec une main dont les doigts étaient coupés, avec une jambe de bois par laquelle il avait remplacé sa jambe brisée, attendait le cortége, au-devant duquel sa faiblesse ne lui avait pas permis d'aller.

C'était le beccaïo.

Il avait appris le jugement et la condamnation de Salvato et avait fait un effort, tout mal guéri qu'il était, pour avoir le plaisir de le voir pendre.

— Où est-il, le jacobin? où est-il, le misérable? où est-il, le brigand? s'écria-t-il en essayant de franchir la haie des soldats.

Michele reconnut sa voix, et, tout mourant qu'il était, il se souleva dans sa charrette, et, avec un éclat de rire :

— Si c'est pour voir pendre le général Salvato que tu t'es dérangé, beccaïo, tu as perdu ta peine : il est sauvé !

— Sauvé? s'écria le beccaïo; sauvé? Impossible !

— Demande plutôt à ces messieurs, et vois la longue mine qu'ils font. Mais il y a encore une chance : c'est que tu te mettes à courir après lui. Tu as de bonnes jambes, tu le rattraperas.

Le beccaïo poussa un hurlement de rage : une fois encore, sa vengeance lui échappait.

— Place ! crièrent les soldats en le repoussant à coups de crosse.

Et le cortége passa.

On arriva au pied des gibets. Là, un huissier attendait les condamnés pour leur lire la sentence.

La sentence fut lue au milieu des rires, des huées, des insultes et des chants.

La sentence lue, le bourreau s'avança vers le groupe des condamnés.

On n'avait point fixé l'ordre dans lequel les patients devaient être exécutés.

En voyant venir à eux le bourreau, Cirillo et Manthonnet firent un pas en avant.

— Lequel des deux dois-je pendre le premier? demanda maître Donato.

Manthonnet se baissa, ramassa deux pailles d'inégale grandeur et donna le choix à Cirillo.

Cirillo tira la plus longue.

— J'ai gagné, dit Manthonnet.

Et il se livra à maître Donato.

La corde au cou, il cria :

— O peuple, qui aujourd'hui nous insultes, un jour, tu vengeras ceux qui sont morts pour la patrie!

Maître Donato le poussa hors de l'échelle, et son corps se balança dans le vide.

C'était le tour de Cirillo.

Il essaya, une fois monté sur l'échelle, de prononcer quelques paroles; mais le bourreau ne lui en laissa pas le temps, et, aux acclamations des lazzaroni, son corps se balança près de celui de Manthonnet.

Éléonor Pimentel s'avança.

— Ce n'est pas encore ton tour, lui dit brutalement le bourreau.

Elle fit un pas arrière et vit que l'on apportait Michele.

Mais, au pied de la potence, celui-ci dit :

— Laissez-moi essayer de monter tout seul à l'échelle, mes amis, ou sinon, on croira que c'est la peur qui m'ôte la force, et non mes blessures.

Et, sans être soutenu, il monta les degrés de l'échelle jusqu'à ce que maître Donato lui eût dit :

— Assez !

Alors, il s'arrêta, et, comme il avait la corde passée d'avance autour du cou, le bourreau n'eut qu'un coup de genou à lui donner pour en finir avec lui.

Au moment où il fut lancé dans le vide, il murmura le nom de « Nanno !... » Le reste de la phrase, si, toutefois, il y avait une phrase, fut étranglé par le nœud coulant.

Chacune de ces exécutions était saluée par des hourras frénétiques et des cris furieux.

Mais l'exécution que l'on attendait avec la plus grande impatience, c'était évidemment celle d'Éléonor Pimentel.

Son tour était enfin arrivé ; car maître Donato devait en finir avec les gibets avant de passer à la guillotine.

L'huissier dit quelques mots tout bas à maître Donato, qui s'approcha d'Éléonor.

L'héroïne avait repris son calme, un instant troublé par la vue de cette potence plus haute que les autres, vue qui avait, non pas brisé son courage, mais alarmé sa pudeur.

— Madame, lui dit le bourreau d'un autre ton que celui dont il venait de lui parler cinq minutes auparavant, je suis chargé de vous dire que, si vous demandez la vie, il vous sera accordé un sursis pendant lequel votre requête sera envoyée au roi Ferdinand, qui peut-être, dans sa clémence, daignera y faire droit.

— Demandez la vie! demandez la vie! répétèrent autour d'elle les pénitents qui l'avaient assistée, elle et ses compagnons.

Elle sourit à cette marque de sympathie.

— Et, si je demande autre chose que la vie, me l'accordera-t-on?

— Peut-être, répliqua maître Donato.

— En ce cas, dit-elle, donnez-moi un caleçon.

— Bravo! cria Hector Caraffa, une Spartiate n'eût pas mieux dit!

Le bourreau regarda l'huissier; on avait espéré une lâcheté de la femme : on avait tiré une sublime réponse de l'héroïne.

L'huissier fit un signe.

Maître Donato laissa tomber sa main immonde sur l'épaule nue de Léonora et l'attira vers le gibet le plus élevé.

Arrivée au pied de la potence, elle en mesura des yeux la hauteur.

Puis, se tournant vers le cercle de spectateurs qui enveloppait de tous côtés l'instrument du supplice :

— Au nom de la pudeur, dit-elle, n'y a-t-il pas quelque mère de famille qui me donne un moyen d'échapper à cette infamie ?

Une femme lui jeta l'épingle d'argent avec laquelle elle attachait ses cheveux.

Léonora poussa un cri de joie, et, à la hauteur du genou, à l'aide de cette épingle d'argent, attachant l'un à l'autre le devant et le derrière de sa robe, elle improvisa le caleçon qu'elle avait inutilement demandé.

Puis elle gravit d'un pied ferme les degrés de l'échelle en disant les quatre premiers vers de *la Marseillaise napolitaine*, qu'elle avait chantée, le jour où l'on apprit la chute d'Altamura, sur le théâtre Saint-Charles.

Avant que le quatrième vers fût achevé, cette âme héroïque était remontée au ciel.

Les gibets étaient remplis, moins un : c'était celui

qui était destiné à Salvato. Il ne restait plus personne à pendre, mais il restait quelqu'un à guillotiner.

C'était le comte de Ruvo.

— Enfin, dit-il lorsqu'il vit que maître Donato et ses aides en avaient fini avec le dernier cadavre, j'espère que c'est à mon tour, hein?

— Oh! sois tranquille, dit maître Donato, je ne te ferai pas attendre.

— Ah! an! il paraît que, si je demande une faveur, cette faveur ne me sera pas accordée?

— Qui sait? demande toujours.

— Eh bien, je désire être guillotiné à l'envers, afin de voir tomber le fer qui me tranchera la gorge.

Maître Donato regarda l'huissier : l'huissier fit signe qu'il ne voyait aucun empêchement à l'accomplissement de ce désir.

— Il sera fait comme tu le veux, répondit le bourreau.

Alors, Hector Caraffa monta lestement les degrés de l'échafaud, et, arrivé sur la plate-forme, il se coucha de lui-même sur la planche, le dos à terre, la face au ciel.

On le lia ainsi; puis on le poussa sous le couperet.

Et, comme le bourreau, étonné peut-être de cet indomptable courage, tardait un instant à remplir son terrible office ;

— *Taglia dunque, per Dio!* lui cria le patient. (Coupe donc, pardieu!)

Et, sur cet ordre, le fatal couperet tomba et la tête d'Hector Caraffa roula sur l'échafaud.

Détournons les yeux de ce hideux champ de carnage que l'on appelle Naples, et reportons-les sur un autre point du royaume.

CXVI

LA GOELETTE *the Runner*

Trois mois s'étaient écoulés depuis les événements que nous venons de raconter. Beaucoup de choses étaient changées à Naples, qu'avait abandonnée la flotte anglaise, et d'où le cardinal Ruffo était parti après avoir licencié son armée et résigné ses pouvoirs pour aller à Venise, comme simple cardinal, donner, au conclave, un successeur à Pie VI.

Un des principaux changements avait été la nomination du prince de Cassero-Statella comme vice-roi de Naples, et celle du marquis Malaspina comme sous-secrétaire intime.

La restauration du roi Ferdinand étant désormais assurée, les récompenses furent distribuées.

Il était impossible de faire pour Nelson plus que l'on n'avait fait : il avait l'épée de Philippe V, il était duc de Bronte, il avait de son duché soixante-quinze mille livres de rente.

Le cardinal Ruffo eut une rente viagère de quinze mille ducats (soixante-cinq mille francs), à prendre sur le revenu de San-Georgia la Malara, fief du prince de la Riccia, passé au gouvernement par défaut d'héritiers.

Le duc de Baranello, frère aîné du cardinal, eut l'abbaye de Sainte-Sophie de Bénévent, une des plus riches du royaume.

François Ruffo, que son frère avait nommé inspecteur de la guerre, — le même que nous avons vu envoyer à la cour de Palerme par Nelson, moitié comme messager, moitié comme otage, — eut une pension viagère de trois mille ducats.

Le général Micheroux fut fait maréchal et eut un poste de confiance dans la diplomatie.

De Cesare, le faux duc de Calabre, eut trois mille ducats de rente, et fut fait général.

Fra-Diavolo fut fait colonel et nommé duc de Cassano.

Enfin, Pronio, Mammone et Sciarpa furent nommés colonels et barons, avec des pensions et des terres, et furent décorés de l'ordre de Saint-Georges Constantinien.

En outre, pour récompenser les services nouveaux, on créa un nouvel ordre qui reçut le nom d'*ordre de Saint-Ferdinand et du Mérite*, avec cette légende : *Fidei et Merito*.

Nelson en fut le premier dignitaire : en sa qualité d'hérétique, on ne pouvait lui donner l'ordre de Saint-Janvier, le premier de l'État.

Enfin, après avoir récompensé tout le monde, Ferdinand pensa qu'il était juste qu'il se récompensât lui-même.

Il fit venir de Rome Canova et lui commanda, — la chose est véritablement si étrange, que nous hésitons à la dire, de peur de n'être pas cru, — et lui commanda sa propre statue en Minerve!

Pendant soixante ans, on a pu voir le grotesque et colossal chef-d'œuvre dans une niche placée au dessus des premières marches du grand escalier du musée Borbonico, où il serait encore, si, à l'époque de ma nomination de directeur honoraire des beaux-arts, je ne l'eusse fait enlever de ce poste, non point parce qu'il était une reproduction ridicule de Ferdinand, mais parce que c'était une tache au génie du plus grand sculpteur de l'Italie, et une preuve du degré d'abaissement auquel peut descendre le ciseau d'un artiste qui, s'il eût eu quelque respect de lui-même, n'eût point consenti à prostituer son talent à l'exécution d'une pareille caricature.

Puis enfin, comme la monarchie napolitaine était dans une veine heureuse, la belle et mélancolique archiduchesse que nous avons vue sur la galère royale, à peine accouchée de cette petite fille que nous avons dit devoir être un jour la duchesse de Berry, était, vers le mois de février ou de mars 1800. devenue enceinte de nouveau, et, malgré tous les événements que nous avons racontés et qui eussent pu influer sur sa grossesse, avait, au contraire, mené le plus heureusement du monde cette grossesse à son neuvième mois; de sorte que l'on n'attendait que son accouchement, surtout si elle accouchait d'un prince, pour faire à Palerme une série de fêtes dignes de la double circonstance qui en serait le motif.

Une autre femme aussi attendait, non pas dans un palais, non pas au milieu de la soie et du velours, mais sur la paille d'un cachot un accouchement fatal et mortel; car à cet accouchement elle ne devait pas survivre.

Cette autre femme, c'était la malheureuse Luisa

Molina San-Felice, qui, ainsi que nous l'avons entendu, déclarée enceinte par son mari, avait été, par ordre du roi Ferdinand, acharné dans sa vengeance, conduite à Palerme et soumise à un conseil de médecins qui avait reconnu la grossesse.

Mais le roi avait cru, lui si peu pitoyable cependant, à une conjuration de la pitié; il avait appelé son propre chirurgien, Antonio Villari, et, sous les peines les plus sévères, il lui avait ordonné de lui dire la vérité sur l'état de la prisonnière.

Antonio Villari reconnut comme les autres la grossesse et l'affirma au roi sur son âme et sa conscience.

Alors, le roi s'informa minutieusement de quelle époque à peu près datait la grossesse, afin de savoir à quelle époque, la mère étant délivrée, on pourrait l'abandonner au bourreau.

Par bonheur, elle était jugée et condamnée, et, le jour même où l'enfant qui la protégeait serait arraché de ses flancs, elle pourrait être exécutée, sans délai ni retard.

Ferdinand avait attaché son propre médecin, Antonio Villari, au service de la prisonnière, et il devait être non-seulement le premier, mais le seul, afin que nul ne contre-carrât ses projets de vengeance, prévenu de l'accouchement.

Les deux accouchements, celui de la princesse

qui devait donner un héritier au trône et celui de la condamnée qui devait donner une victime au bourreau, devaient se suivre à quelques semaines de distance; seulement, celui de la princesse devait précéder celui de la condamnée.

C'était sur cette circonstance que le chevalier San-Felice avait fondé son dernier espoir.

En effet, après avoir accompli sa miséricordieuse mission à Naples; après avoir, par sa déclaration au tribunal et par son respect pour la prisonnière, sauvegardé l'honneur de la femme, il était revenu à Palerme reprendre, chez le duc de Calabre, qui habitait le palais sénatorial, sa place accoutumée.

Le jour même de son arrivée, comme il hésitait à se présenter devant le prince, celui-ci l'avait fait appeler, et, lui tendant sa main, que le chevalier avait baisée :

— Mon cher San-Felice, lui dit-il, vous m'avez demandé la permission d'aller à Naples, et, sans vous demander ce que vous aviez à y faire, cette permission, je vous l'ai accordée. Maintenant, beaucoup de bruits différents, vrais ou faux, se sont répandus sur la cause de votre voyage : j'attends de vous, non comme prince, mais comme ami, d'être mis au courant par vous de ce que vous y avez fait. J'ai une grande considération pour vous, vous le savez, et, le jour où j'aurai pu vous rendre un grand service, sans avoir cru m'acquitter de ce que je vous dois, je serai le plus heureux homme du monde.

Le chevalier avait voulu mettre un genou en terre; mais le prince l'en avait empêché, l'avait pris dans ses bras et serré contre son cœur.

Alors, le chevalier lui avait tout raconté : son amitié avec le prince Caramanico, la promesse qu'il lui avait faite à son lit de mort, son mariage avec Luisa; enfin, il lui avait tout dit, excepté les confessions de Luisa; de sorte qu'aux yeux du prince, la paternité du chevalier ne fit aucun doute. Le chevalier finit par protester de l'innocence politique de Luisa et par demander sa grâce au prince.

Celui-ci réfléchit un instant. Il connaissait le caractère cruel et vindicatif de son père; il savait quel serment celui-ci avait fait, et combien il lui serait difficile de le faire revenir sur ce serment.

Mais tout à coup une idée lumineuse lui traversa le cerveau.

— Attends-moi ici, lui dit-il : c'est bien le moins que, dans une affaire de cette importance, je consulte la princesse; en outre, elle est de bon conseil.

Et il entra dans la chambre à coucher de sa femme.

Cinq minutes après, la porte se rouvrit, et, le

prince, passant la tête par l'ouverture, appela à lui le chevalier.

Au moment où la porte de la chambre à coucher de la princesse se refermait sur San-Felice, une petite goëlette, qu'à la hauteur et à la flexibilité de ses mâts, on pouvait reconnaître de construction américaine, doublait le mont Pellegrino, suivait la longue jetée du château du Môle, terminée par la batterie, s'enfonçait dans la rade, et, naviguant, avec la même facilité que le ferait de nos jours un bateau à vapeur, entre les vaisseaux de guerre anglais et les bâtiments de commerce de tous les pays qui encombraient le port de Palerme, allait jeter l'ancre à une demi-encablure du château de Castellamare, transformé depuis longtemps en prison d'État.

Si le signe auquel nous avons dit qu'on pouvait reconnaître la nationalité de ce petit bâtiment n'eût point été suffisant à des yeux peu exercés, le drapeau qui se déployait à la corne de son grand mât, et sur lequel flottaient les étoiles d'Amérique, eût affirmé qu'il avait été construit sur le continent découvert par Christophe Colomb, et que, tout frêle qu'il était, il avait audacieusement et heureusement traversé l'Atlantique, comme un vaisseau à trois ponts ou une frégate de haut bord.

Son nom, écrit en lettres d'or à l'arrière, *the Runner*, c'est-à-dire *le Coureur*, indiquait qu'il avait reçu un nom selon son mérite, non selon le caprice de son propriétaire.

A peine l'ancre fut-elle jetée et eut-elle mordu le fond, que l'on vit le canot de la Santé s'approcher du *Runner* avec toutes les formalités et précautions habituelles et que les questions et les réponses d'usage s'échangèrent.

— Ohé! de la goëlette! cria-t-on, d'où venez-vous?

— De Malte.

— En droiture?

— Non : nous avons touché à Marsala.

— Voyons votre patente.

Le capitaine, qui répondait à toutes ces questions en italien, mais avec un accent yankee très-prononcé, tendit le papier demandé, qu'on lui prit des mains avec une pincette, et qui, après avoir été lu, lui fut rendu de la même façon.

— C'est bien, dit l'employé; vous pouvez descendre en canot et venir à la Santé avec nous.

Le capitaine descendit en canot; quatre rameurs s'affalèrent après lui, et, escorté par la barque sanitaire, il traversa toute la rade pour aller joindre, de l'autre côté du port, le bâtiment appelé *la Salute*.

CXVII

LES NOUVELLES QU'APPORTAIT LA GOELETTE
the Runner

Le soir même du jour où nous avons vu le chevalier San-Felice entrer dans la chambre à coucher de la duchesse de Calabre, et le capitaine de la goëlette *the Runner* se rendre à *la Salute*, toute la famille royale des Deux-Siciles était réunie dans cette même salle du palais où nous avons vu Ferdinand jouer au reversis avec le président Cardillo, Emma Lyonna faire tête avec des poignées d'or au banquier du pharaon, et la reine, retirée dans un coin avec les jeunes princesses, broder la bannière que le fidèle et intelligent Lamarra devait porter au cardinal Ruffo.

Rien n'était changé : le roi jouait toujours au reversis; le président Cardillo arrachait toujours ses boutons; Emma Lyonna couvrait toujours d'or la table, tout en causant bas avec Nelson, appuyé à son fauteuil, et la reine et les jeunes princesses brodaient non plus un labarum de combat pour le cardinal, mais une bannière d'actions de grâce pour sainte Rosalie, douce vierge dont on essayait de souiller le nom en la faisant protectrice de ce trône, en train de se raffermir dans le sang.

Seulement, depuis le jour où nous avons introduit nos lecteurs dans cette même salle, les choses étaient bien changées. D'exilé et vaincu qu'était Ferdinand, il était redevenu, grâce à Ruffo, conquérant et vainqueur. Aussi rien n'eût-il altéré le calme de cet auguste visage que Canova, nous l'avons dit, était occupé à faire jaillir en Minerve, non pas du cerveau de Jupiter, mais d'un magnifique bloc de marbre de Carrare, si quelques numéros du *Moniteur républicain,* arrivés de France, n'eussent jeté leur ombre sur cette nouvelle ère dans laquelle entrait la royauté sicilienne.

Les Russes avaient été battus à Zurich par Masséna, et les Anglais à Almaker par Brune. Les Anglais avaient été forcés de se rembarquer, et Souvorov, laissant dix mille Russes sur le champ de bataille, n'avait échappé qu'en traversant un précipice, au fond duquel coulait la Reuss, sur deux sapins liés avec les ceintures de ses officiers, et qu'en repoussant dans l'abîme, une fois passé, le pont sur lequel il venait de le franchir.

Ferdinand s'était donné quelques minutes de plaisir au milieu de l'ennui que lui causaient ces nouvelles, en raillant Nelson sur le rembarquement des Anglais, et Baillie sur la fuite de Souvorov.

Il n'y avait rien à dire à un homme qui, en pareille circonstance, s'était si cruellement et si gaiement, tout à la fois, raillé lui-même.

Aussi, Nelson s'était contenté de se mordre les lèvres, et Baillie, qui était Irlandais, mais d'origine française, ne s'était pas trop désespéré de l'échec arrivé aux troupes du tzar Paul Ier.

Il est vrai que cela ne changeait rien aux affaires qui intéressaient directement Ferdinand, c'est-à-dire aux affaires d'Italie. L'Autriche était, grâce à ses victoires de Kokack en Allemagne, de Magnano en Italie, de la Trebbia et de Novi, l'Autriche était au pied des Alpes, et le Var, notre frontière antique, était menacé.

Il est vrai encore que Rome et le territoire romain étaient reconquis par Burckard et Pronio, les deux lieutenants de Sa Majesté Sicilienne, et qu'en vertu du traité signé entre le général Burckard, commandant des troupes napolitaines, le commodore Troubridge, commandant des troupes britanniques, et le général Garnier, commandant des troupes françaises, il devait, en se retirant avec les honneurs de la guerre, avoir abandonné les États romains le 4 octobre.

Il y avait dans tout cela, comme disait le roi Ferdinand, *à boire et à manger*. Puis, avec son insouciance napolitaine, il jetait en l'air, quitte à ce qu'il lui retombât sur le nez, le fameux proverbe que les Napolitains appliquent plus souvent encore au moral qu'au physique :

— Bon ! tout ce qui n'étrangle pas engraisse.

Sa Majesté, assez peu inquiète des événements qui se passaient en Suisse et en Hollande, et fort rassurée sur ceux qui s'étaient accomplis, s'accomplissaient et devaient s'accomplir en Italie, faisait donc sa partie de reversis, raillant, tout à la fois, Cardillo, son adversaire, et Nelson et Baillie, ses alliés, lorsque le prince royal entra dans le salon, salua le roi, salua la reine, et, cherchant des yeux le prince de Castelcicala, resté à Palerme, près du roi, et nommé ministre des affaires étrangères, à cause de son dévouement, alla droit à lui et entama vivement avec Son Exellence une conversation à voix basse.

Au bout de cinq minutes, le prince de Castelcicala traversa le salon dans toute sa longueur, alla droit, à son tour, à la reine, et lui dit tout bas quelques mots qui lui firent vivement redresser la tête.

— Prévenez Nelson, dit la reine, et venez me

rejoindre avec le prince de Calabre dans le cabinet à côté.

Et, se levant, elle entra, en effet, dans un cabinet attenant au grand salon.

Quelques secondes après, le prince de Castelcicala introduisait le prince, et Nelson entrait lui-même derrière eux, et refermait la porte sur lui.

— Venez donc ici, François, dit la reine, et racontez-nous d'où vous tenez toute cette belle histoire que vient de me dire Castelcicala.

— Madame, dit le prince en s'inclinant avec ce respect mêlé de crainte qu'il avait toujours eu pour sa mère, dont il ne se sentait pas aimé, madame, un de mes hommes, un homme sur lequel je puis compter, se trouvant par hasard aujourd'hui, vers deux heures de l'après-midi, à la police, a entendu dire que le capitaine d'un petit bâtiment américain qui est entré aujourd'hui dans le port, poussé, en sortant de Malte par un coup de vent du côté du cap Bon, avait rencontré deux bâtiments de guerre français, sur l'un desquels il avait tout lieu de croire que se trouvait le général Bonaparte.

Nelson, voyant l'attention que chacun portait au récit du prince François, se le fit traduire en anglais par le ministre des affaires étrangères, et se contenta de hausser les épaules.

— Et vous n'avez pas, en face d'une nouvelle de cette sorte, si vague qu'elle fût, cherché à voir ce capitaine, à vous informer par vous-même de ce qu'il y avait de réel dans ce bruit? Vraiment, François, vous êtes d'une insouciance impardonnable!

Le prince s'inclina.

— Madame, dit-il, ce n'était point à moi, qui ne suis rien dans le gouvernement, d'essayer de pénétrer des secrets de cette importance; mais j'ai envoyé la personne même qui avait recueilli ces rumeurs à bord de la goëlette américaine, lui ordonnant de s'informer à la source même, et, si ce capitaine lui paraissait digne de quelque créance, de l'amener au palais.

— Eh bien? demanda impatiemment la reine.

— Eh bien, madame, le capitaine attend dans le salon rouge.

— Castelcicala, dit la reine, allez! et amenez-le ici par les corridors, afin qu'il ne traverse pas le salon.

Il se fit un profond silence parmi les trois personnes qui se tenaient dans l'attente; puis, au bout d'une minute, la porte de dégagement se rouvrit et donna passage à un homme de cinquante à cinquante-cinq ans, portant un uniforme de fantaisie.

— Le capitaine Skinner, dit le prince de Castelcicala en introduisant le touriste américain.

Le capitaine Skinner était, comme nous l'avons dit, un homme ayant déjà passé le midi de la vie, de taille un peu au-dessus de la moyenne, admirablement pris dans sa taille, d'une figure grave mais sympathique, avec des cheveux grisonnant à peine, rejetés en arrière comme si le vent de la tempête, en lui soufflant au visage, les avait inclinés ainsi. Il portait le devant du visage sans barbe; mais d'épais favoris s'enfonçaient dans sa cravate de fine batiste et d'une irréprochable blancheur.

Il s'inclina respectueusement devant la reine et devant le duc de Calabre, et salua Nelson comme il eût fait d'un personnage ordinaire; ce qui indiquait qu'il ne le connaissait point ou ne voulait point le connaître.

— Monsieur, lui dit la reine, on m'assure que vous êtes porteur de nouvelles importantes; cela vous explique pourquoi j'ai desiré que vous prissiez la peine de passer au palais. Nous avons tous le plus grand intérêt à connaître ces nouvelles. Et, pour que vous sachiez devant qui vous allez parler, je suis la reine Marie-Caroline; voici mon fils, M. le duc de Calabre; voici mon ministre des affaires étrangères, M. le prince de Castelcicala; enfin, voici mon ami, mon soutien, mon sauveur, milord Nelson, duc de Bronte, baron du Nil.

Le capitaine Skinner semblait chercher des yeux une cinquième personne, quand tout à coup la porte du cabinet donnant sur le salon s'ouvrit, et le roi parut.

C'était évidemment cette cinquième personne que cherchait des yeux le capitaine Skinner.

— *Madonna!* s'écria le roi s'adressant à Caroline, savez-vous les nouvelles qui se répandent dans Palerme, ma chère maîtresse?

— Je ne le sais pas encore, monsieur, répondit a reine; mais je vais le savoir, car voici monsieur qui les a apportées et qui me les va donner.

— Ah! ah! fit le roi.

— J'attends que Leurs Majestés veuillent bien me faire l'honneur de m'interroger, dit le capitaine Skinner, et je me tiens à leurs ordres.

— On dit, monsieur, demanda la reine, que vous pouvez nous donner des nouvelles du général Bonaparte?

Un sourire passa sur les lèvres de l'Américain.

— Et de sûres, oui, madame; car il y a trois jours que je l'ai rencontré en mer.

— En mer? répéta la reine.

— Que dit monsieur? demanda Nelson.

Le prince de Castelcicala traduisit en anglais la réponse du capitaine américain.

— A quelle hauteur? demanda Nelson.

— Entre la Sicile et le cap Bon, répondit en excellent anglais le capitaine Skinner, ayant la Pantellerie à bâbord.

— Alors, demanda Nelson, vers le 37° degré de latitude nord?

— Vers le 37° degré de latitude nord et par le 9° degré et vingt minutes de longitude est.

Le prince de Castelcicala traduisit au fur et à mesure au roi ce qui se disait. Pour la reine et pour le duc de Calabre, une traduction était inutile : ils parlaient tous deux anglais.

— Impossible, dit Nelson. Sir Sidney Smith bloque le port d'Alexandrie, et il n'aurait pas laissé passer deux bâtiments français se rendant en France.

— Bon ! dit le roi, qui ne manquait jamais de donner son coup de dent à Nelson, vous avez bien laissé passer toute la flotte française, se rendant à Alexandrie !

— C'était pour mieux l'anéantir à Aboukir, répondit Nelson.

— Eh bien, dit le roi, courez donc après les deux bâtiments qu'a vus le capitaine Skinner, et anéantissez-les !

— Le capitaine voudrait-il nous dire, demanda le duc de Calabre en faisant un double signe de respect à son père et à sa mère comme pour s'excuser d'oser prendre la parole devant eux, par quelles circonstances il se trouvait dans ces parages, et quelles causes lui font croire qu'un des deux bâtiments français qu'il a rencontrés était monté par le général Bonaparte?

— Volontiers, Altesse, répondit le capitaine en s'inclinant. J'étais parti de Malte pour aller passer au détroit de Messine, quand j'ai été pris par un coup de vent de nord-est, à une lieue au sud du cap Passaro. J'ai laissé courir à l'abri de la Sicile jusqu'à l'île de Maritimo, et laissé porter avec le même vent sur le cap Bon, filant grand largue.

— Et là? demanda le duc.

— Là, je me suis trouvé en vue de deux bâtiments que j'ai reconnus pour français et qui m'ont reconnu pour américain. D'ailleurs, un coup de canon avait assuré leur pavillon et m'avait invité à déployer le mien. L'un d'eux m'a fait signe d'approcher, et, quand j'ai été à portée de la voix, un homme en costume d'officier général m'a crié :

— Ohé! de la goëlette! avez-vous vu des bâtiments anglais?

» — Aucun, général, ai-je répondu.

» — Que fait la flotte de l'amiral Nelson ?

» — Une partie bloque Malte, l'autre est dans le port de Palerme.

» — Où allez-vous ?

» — A Palerme.

» — Eh bien, si vous y voyez l'amiral, dites-lui que je vais prendre en Italie la revanche d'Aboukir.

» Et le bâtiment a continué sa route.

» — Savez-vous comment se nomme le général qui vous a interrogé? m'a demandé mon second, qui s'était tenu près de moi pendant l'interrogatoire. Eh bien, c'est le général Bonaparte !

On traduisit tout le récit du capitaine américain à Nelson, tandis que le roi, la reine et le duc de Calabre se regardaient, inquiets.

— Et, demanda Nelson, vous ne savez pas les noms de ces deux bâtiments ?

— Je les ai approchés de si près, répondit le capitaine, que j'ai pu les lire : l'un s'appelle *le Muiron*, l'autre *le Carrère*.

— Que veulent dire ces noms ? demanda en allemand la reine au duc de Calabre. Je ne comprends pas leur signification.

— Ce sont deux noms d'homme, madame, répondit le capitaine Skinner en allemand, et en parlant cette langue aussi purement que les deux autres dans lesquelles il s'était déjà exprimé.

— Ces diables d'Américains ! dit en français la reine, ils parlent toutes les langues.

— Cela nous est nécessaire, madame, répondit en bon français le capitaine Skinner. Un peuple de marchands doit connaître toutes les langues dans lesquelles on peut demander le prix d'une balle de coton.

— Eh bien, milord Nelson, demanda le roi, que dites-vous de la nouvelle ?

— Je dis qu'elle est grave, sire, mais qu'il ne faut pas s'en inquiéter outre mesure. Lord Keith croise entre la Corse et la Sardaigne, et, vous le savez, la mer et les vents sont pour l'Angleterre.

— Je vous remercie, monsieur, des renseignements que vous avez bien voulu me donner, dit la reine. Comptez-vous faire un long séjour à Palerme ?

— Je suis un touriste voyageant pour mon plaisir, madame, répondit le capitaine, et, à moins de désirs contraires de la part de Votre Majesté, vers la fin de la semaine prochaine, j'espère mettre à la voile.

— Où vous trouverait-on, capitaine, si l'on avait besoin de nouveaux renseignements ?

— A mon bord. J'ai jeté l'ancre en face du fort de Castellamare, et, à moins d'ordres contraires, la place m'étant commode, je resterai où je suis.

— François, dit la reine à son fils, vous veillerez à ce que le capitaine ne soit pas dérangé de la place qu'il a choisie. Il faut qu'on sache où le retrouver à la minute, si par hasard on a besoin de lui.

Le prince s'inclina.

— Eh bien, milord Nelson, demanda le roi, à votre avis, qu'y a-t-il à faire, maintenant?

— Sire, il y a votre partie de reversis à reprendre, comme si rien d'extraordinaire n'était arrivé. En supposant que le général Bonaparte aborde en France, ce n'est qu'un homme de plus.

— Si vous n'eussiez pas été à Aboukir, milord, dit Skinner, ce n'était qu'un homme de moins; mais il est probable que, grâce à cet homme de moins, la flotte française était sauvée.

Et, sur ces paroles, qui contenaient tout à la fois un compliment et une menace, le capitaine américain embrassa d'un salut les augustes personnages qui l'avaient appelé, et se retira.

Et, selon le conseil que lui avait donné Nelson, le roi alla reprendre sa place à la table où l'attendait impatiemment le président Cardillo, et où l'attendaient patiemment, comme il convient à des courtisans bien dressés, le duc d'Ascoli et le marquis Circillo.

Ceux-ci étaient trop bien formés à l'étiquette des cours pour se permettre d'interroger le roi ; mais le président Cardillo était moins rigide observateur du décorum que ces deux messieurs.

— Eh bien, sire, cela valait-il la peine d'interrompre notre partie, dit-il, et de nous laisser le bec dans l'eau pendant un quart d'heure ?

— Ah ! par ma foi ! non, dit le roi, à ce que prétend l'amiral Nelson, du moins. Bonaparte a quitté l'Égypte, a passé, sans être vu, à travers la flotte de Sydney Smith. Il était, il y a quatre jours, à la hauteur du cap Bon. Il passera à travers la flotte de milord Keith, comme il a passé à travers celle de sir Sydney Smith, et, dans trois semaines, il sera à Paris. A vous de battre les cartes, président, — en attendant que Bonaparte batte les Autrichiens !

Et, sur ce bon mot, dont il parut enchanté, le roi reprit sa partie, comme si, en effet, ce qu'il venait d'apprendre ne valait point la peine de l'interrompre.

CXVIII

LA FEMME ET LE MARI

On se rappelle comment le prince de Calabre avait eu vent des nouvelles qu'il venait d'apporter à sa mère.

Un homme *à lui,* se trouvant à la police, avait entendu répéter quelques paroles dites en l'air par le capitaine Skinner au directeur de *la Salute*.

Le capitaine avait-il dit ces paroles avec intention ou au hasard? C'est ce que lui seul eût pu expliquer.

Cet homme *à lui*, dont parlait le duc de Calabre, n'était autre que le chevalier San-Felice, qui, avec une recommandation du prince, allait demander au préfet de police une autorisation de pénétrer jusqu'à la malheureuse prisonnière.

Cette autorisation, il l'avait obtenue, mais en promettant la plus entière discrétion, la prisonnière étant recommandée à la sévérité du préfet par le roi lui-même.

Aussi était-ce pendant l'obscurité, entre dix et onze heures, que le chevalier devait être introduit dans la prison de sa femme.

En rentrant au palais sénatorial, qu'habitait, comme nous l'avons dit, le prince royal, le chevalier raconta à Son Altesse ce qu'il avait entendu répéter à la police des propos tenus par un officier américain sur la rencontre que celui-ci aurait faite en mer du général Bonaparte.

Le prince avait la vue longue, et il avait à l'instant même deviné les conséquences d'un pareil retour. Aussi la nouvelle lui avait-elle paru des plus importantes, et, pour en vérifier le degré de vérité, il avait prié le chevalier San-Felice de se faire conduire à l'instant même à bord du bâtiment américain.

San-Felice eût dans tous les temps obéi au prince avec la rapidité du dévouement; mais, ce jour même, le prince l'avait comblé de bontés, et il regrettait de n'avoir, pour lui rendre service, qu'un ordre si simple à exécuter.

Le chevalier, le cas échéant, était chargé de ramener au prince le capitaine américain.

Il s'était donc, à l'instant même, rendu sur le port et, serrant soigneusement dans son portefeuille son ordre d'entrer dans la prison, il avait pris une de ces barques qui font des courses dans la rade et avait invité, avec sa douceur ordinaire, les mariniers qui la montaient à le conduire à la goëlette américaine.

Si vulgaire et si fréquent que soit l'événement, l'entrée d'un navire dans un port est toujours un événement. Aussi à peine le chevalier San-Felice eût-il annoncé le but de sa course, que les mariniers, secondant ses désirs, mirent le cap sur le petit bâtiment, dont les deux mâts, gracieusement penchés en arrière, juraient par leur hauteur avec l'exiguïté de sa coque.

Une garde assez sévère se faisait à bord de la goëlette; car à peine le matelot de quart eut-il aperçu la barque et jugé qu'elle se dirigeait vers le petit bâtiment, que le capitaine, rentré depuis une heure à peine de *la Salute*, fut prévenu de l'incident et monta rapidement sur le pont, suivi de son lieutenant, jeune homme de vingt-six à vingt-huit ans. Mais à peine eurent-ils jeté un coup d'œil rapide sur la barque, qu'avec l'accent de l'étonnement et de l'inquiétude, ils échangèrent quelques paroles, et que le jeune homme disparut par l'escalier qui conduisait au salon.

Le capitaine attendit seul.

Le chevalier San-Felice, quoiqu'il n'y eût que deux marches à franchir pour monter sur le pont, crut devoir demander en anglais, au capitaine, la permission d'entrer à son bord. Mais celui-ci répondit par un cri de surprise, l'attira à lui et l'entraîna tout étonné sur une petite plate-forme située à l'arrière, entourée d'une balustrade de cuivre et formant tillac.

Le chevalier ne savait que penser de cette réception, qui, au reste, n'avait rien d'hostile, et il regarda l'Américain d'un œil interrogateur.

Mais, alors, celui-ci, en excellent italien :

— Je vous remercie de ne pas me reconnaître, chevalier, lui dit-il ; cela prouve que mon déguisement est bon, quoique l'œil d'un ami soit souvent moins perçant que celui d'un ennemi.

Le chevalier continuait de regarder le capitaine, tâchant de rassembler ses souvenirs, mais ne se rappelant pas où il avait pu voir cette physionomie loyale et vigoureuse.

— Je vais entrer dans votre vie, monsieur, lui dit le faux Américain, par un triste mais noble souvenir. J'étais au tribunal de Monte-Oliveto le jour où vous êtes venu sauver la vie à votre femme. C'est moi qui vous ai suivi et abordé au sortir du tribunal. Je portais alors l'habit d'un moine bénédictin.

San-Felice fit un pas en arrière et pâlit légèrement.

— Alors, murmura-t-il, vous êtes le père?

— Oui. Vous souvenez-vous de ce que vous me dîtes lorsque je vous fis cette demi-confidence?

— Je vous dis : « Faisons tout ce que nous pourrons pour la sauver. »

— Et auj urd'hui?

— Oh! aujourd'hui, de tout cœur, je vous répète la même chose.

— Eh bien, moi, dit le faux Américain, je suis ici pour cela.

— Et moi, dit le chevalier, j'ai l'espoir d'y réussir cette nuit.

— Voudrez-vous me tenir au courant de vos tentatives?

— Je vous le promets.

— Maintenant, qui vous conduit vers moi, puisque vous ne m'avez pas reconnu?

— L'ordre du prince royal. Le bruit s'est répandu que vous apportiez des nouvelles très-graves, et le prince m'envoie à vous avec l'intention de vous conduire au roi. Répugnez-vous à être présenté à Sa Majesté.

— Je ne répugne à rien de ce qui peut servir vos projets et ne demande pas mieux que de détourner les regards de la police du véritable but qui m'amène ici. — Au reste, je doute qu'elle reconnaisse, sous ce costume et dans cette condition le frère Joseph, chirurgien du couvent du Mont-Cassin. Et reconnût-elle le frère Joseph, chirurgien du Mont-Cassin, qe'elle serait à cent lieues de se douter de ce qu'il vient faire à Palerme.

— Écoutez-moi donc, alors.

— J'écoute.

— Tandis qu'avec le prince royal, vous irez au palais, et tandis que le roi vous y recevra, moi, avec une permission de la police, je pénétrerai jusqu'auprès de la prisonnière. Je vais lui faire part d'un projet arrêté aujourd'hui entre le duc, la duchesse de Calabre et moi. Si notre projet réussit, et je vous dirai ce soir quel est ce projet, vous n'avez plus rien à faire : la malheureuse est sauvée et l'exil remplace pour elle la peine capitale. Or, l'exil pour elle, c'est le bonheur : que Dieu lui donne donc l'exil! Si notre projet échoue, elle n'aura plus, je vous le déclare, d'espoir qu'en vous. Ce moment venu, vous me direz ce que vous désirez de moi. Coopération active ou simples prières, vous avez le droit de tout exiger. J'ai déjà fait le sacrifice de mon bonheur au sien : je suis prêt à faire le sacrifice de ma vie à la sienne.

— Oh! oui, nous savons cela : vous êtes l'ange du dévouement.

— Je fais ce que je dois, et c'est dans cette ville même que j'ai pris l'engagement que je remplis aujourd'hui. Maintenant, vous sortirez du palais à la même heure à peu près où je sortirai de la prison ; le premier libre attendra l'autre à la place des Quatre-Cantons.

— C'est convenu.

— Alors, venez.

— Un ordre à donner, et je suis à vous.

On comprend le sentiment de délicatesse qui avait éloigné Salvato au moment où le chevalier était monté ; mais son père, jugeant de quelles angoisses il devait être agité, voulait, en s'éloignant de la goëlette, lui dire ce qu'il ne savait que très-superficiellement, c'est-à-dire les conditions dans lesquelles les choses se trouvaient.

Donc, tout était pour le mieux : Luisa était prisonnière mais vivante, et le chevalier San-Felice, le duc et la duchesse de Calabre conspiraient pour elle.

Il était impossible qu'avec de pareilles protections, on ne parvînt pas à la sauver.

D'ailleurs, si l'on échouait, il serait là, lui, pour tenter, avec son père, quelque coup désespéré dans le genre de celui qui l'avait sauvé lui-même.

Joseph Palmieri remonta : le chevalier l'attendait dans le canot qui l'avait amené. Le faux capitaine donna, en effet, très-haut quelques ordres en américain, et prit place près du chevalier.

Nous avons vu comment les choses s'étaient passées au palais, et quelles nouvelles apportait le propriétaire de la goëlette; il nous reste à voir maintenant ce qui, pendant ce temps-là, s'était passé dans la prison, et quel était le projet qui avait été arrêté entre le chevalier et ses deux puissants protecteurs, le duc et la duchesse de Calabre.

A dix heures précises, le chevalier frappait à la porte de la forteresse.

Ce mot de forteresse indique que la prison dans laquelle était renfermée la malheureuse Luisa était plus qu'une prison ordinaire : c'était un donjon d'État.

Ce fut donc au gouverneur que le chevalier fut conduit.

En général, les militaires sont exempts de ces petites passions qui, dans les prisons civiles, se mettent au service des haines de la puissance. Le colonel qui remplissait la charge de gouverneur reçut et salua poliment le chevalier, prit connaissance de l'autorisation qu'il avait de communiquer avec la prisonnière, fit appeler le geôlier en chef et lui ordonna de conduire le chevalier à la chambre de la personne qu'il avait la permission de visiter.

Puis, remarquant que la permission avait été délivrée sur la demande du prince et reconnaissant San-Felice pour être un des familiers du palais :

— Je prie Votre Excellence, dit-il en prenant congé du chevalier, de mettre mes respects et mes hommages aux pieds de Son Altesse royale.

Le chevalier, touché de rencontrer cette courtoisie là où il craignait de se heurter à quelque brutalité, promit non-seulement de s'acquitter de la commission, mais encore de dire à Son Altesse royale combien le gouverneur avait eu d'égards à sa recommandation.

De son côté, le geôlier en chef, voyant la courtoisie avec laquelle le gouverneur parlait au chevalier, jugea que le chevalier était un très-grand personnage, et se hâta de le conduire avec toute sorte de saluts à la chambre de Luisa, située au second étage d'une des tours.

Au fur et à mesure qu'il montait, le chevalier sentait sa poitrine s'oppresser. Comme nous l'avons dit, il n'avait pas revu Luisa depuis la séance du tribunal, et ce n'était point sans une profonde émotion qu'il allait se trouver en face d'elle. Aussi, en arrivant à la porte de la chambre, et au moment où le geôlier allait mettre la clef dans la serrure, il lui posa la main sur l'épaule en murmurant :

— Par grâce, mon ami, un instant!

Le geôlier s'arrêta. Le chevalier s'appuya contre la muraille, les jambes lui manquaient.

Mais les sens des prisonniers acquièrent, dans le silence, dans la solitude et dans la nuit, une acuité toute particulière. Luisa avait entendu des pas dans l'escalier, et avait reconnu que ces pas s'arrêtaient à sa porte.

Or, ce n'était pas l'heure à laquelle on avait l'habitude d'entrer dans sa prison. Inquiète, elle était descendue de son lit, où elle s'était jetée tout habillée; l'oreille tendue, les bras allongés, elle s'était rapprochée de la porte dans l'espoir de saisir quelque bruit qui lui permît de deviner dans quel but on venait la visiter au tiers de la nuit.

Elle savait que, jusqu'à l'heure de son accouchement, sa vie était sauvegardée par l'ange protecteur qu'elle portait dans son sein; mais elle comptait les jours avec terreur; elle allait accomplir son septième mois.

Pendant que le chevalier, appuyé à la muraille extérieure, et la main sur sa poitrine, tâchait de calmer les battements de son cœur, elle, de l'autre côté de la porte, écoutait donc, haletante et pleine d'angoisses.

Le chevalier comprit qu'il ne pouvait rester ainsi

éternellement. Il fit un appel à ses forces, et, d'une voix assez ferme :

— Ouvrez maintenant, mon ami, dit-il au geôlier.

Ces paroles étaient à peine prononcées qu'il lui sembla, de l'autre côté de la porte, entendre un faible cri; mais ce cri, si c'en était un, fut immédiatement étouffé par le grincement de la clef dans la serrure.

La porte s'ouvrit; le chevalier s'arrêta sur le seuil.

A deux pas, dans l'intérieur de la chambre, baignée tout entière par un rayon de la lune qui passait à travers la fenêtre grillée, mais sans vitres, Luisa était agenouillée, blanche, les cheveux épars, les mains allongées sur ses genoux et pareille à la *Madeleine* de Canova.

Elle avait, à travers la porte, reconnu la voix de son mari, et elle l'attendait dans l'attitude où la femme adultère attendait le Christ.

Le chevalier, à son tour, poussa un cri, la souleva entre ses bras, et, à demi évanouie, l'emporta sur son lit.

Le geôlier referma la porte en disant :

— Quand Votre Excellence entendra sonner onze heures...

— C'est bien, lui répondit San-Felice ne lui donnant pas le temps d'achever sa phrase.

La chambre demeura sans autre lumière que le rayon de lune qui, suivant le mouvement de la nocturne planète, se rapprochait lentement des deux époux. Nous eussions dû dire : de ce père et de cette fille. Rien n'était plus paternel, en effet, que ce baiser dont Luciano couvrait le front pâle de Luisa ; rien n'était plus filial que cette étreinte dont les bras tremblants de Luisa serraient Luciano.

Ni l'un ni l'autre ne disaient une parole : on entendait seulement des sanglots étouffés.

Le chevalier comprenait que la honte n'était pas la seule cause des sanglots de Luisa. Elle n'avait pas revu Salvato, elle avait entendu prononcer sa condamnation, elle ne savait pas ce qu'il était devenu.

Elle n'osait faire une question, et, par un sentiment d'exquise délicatesse, le chevalier n'osait répondre à sa pensée.

En ce moment, les angoisses de la mère se traduisaient par un mouvement si violent de l'enfant, que Luisa poussa un cri.

Le chevalier l'avait senti, et un frisson avait passé par tous ses membres ; mais, de sa voix douce :

— Tranquillise-toi, innocente créature, dit-il : ton père vit, il est libre et ne court aucun danger.

13.

— Oh! Luciano! Luciano! s'écria Luisa en se laissant glisser aux pieds de San-Felice.

— Mais, continua vivement le chevalier, je suis venu pour autre chose : je suis venu pour parler de toi, avec toi, mon enfant chéri.

— De moi?

— Oui, nous voulons te sauver, ma fille bien-aimée.

Luisa secoua la tête en signe qu'elle croyait la chose impossible.

— Je le sais, répondit San-Felice répondant à sa pensée, le roi t'a condamnée; mais nous avons un moyen d'obtenir ta grâce.

— Ma grâce ! un moyen ! répéta Luisa ; vous connaissez un moyen d'obtenir ma grâce ?

Et elle secoua la tête une seconde fois.

— Oui, reprit San-Felice, et ce moyen, je vais te le dire. La princesse est grosse.

— Heureuse mère ! s'écria Luisa, elle n'attend pas avec terreur le jour où elle embrassera son enfant !

Et elle se renversa en arrière, sanglotant et se tordant les bras.

— Attends, attends, dit le chevalier, et prie pour sa délivrance : le jour de sa délivrance sera celui de ta liberté.

— Je vous écoute, dit Luisa ramenant sa tête en avant et la laissant tomber sur la poitrine de son mari.

— Tu sais, continua San-Felice, que, quand la princesse royale de Naples accouche d'un garçon, elle a droit à trois grâces, qui ne lui sont jamais refusées ?

— Oui, je sais cela.

— Eh bien, le jour où la princesse royale accouchera, au lieu de trois grâces, elle n'en demandera qu'une, et cette grâce sera la tienne.

— Mais dit Luisa, si elle accouche d'une fille ?

— D'une fille ! d'une fille ! s'écria San-Felice, à la pensée duquel cette alternative ne s'était pas présentée. C'est impossible ! Dieu ne le permettra pas !

— Dieu a bien permis que je fusse injustement condamnée, dit Luisa avec un douloureux sourire.

— C'est une épreuve ! s'écria le chevalier, et nous sommes sur une terre d'épreuves.

— Ainsi, c'est votre seul espoir ? demanda Luisa.

— Hélas ! oui, répondit San-Felice ; mais n'importe ! Tiens (il tira un papier de sa poche), voici une supplique rédigée par le duc de Calabre, écrite par sa femme, signe-la, et fions-nous en Dieu.

— Mais je n'ai ni plume ni encre.

— J'en ai, moi, répondit le chevalier.

Et, tirant un encrier de sa poche, il y trempa une plume; puis, soutenant Luisa, il la conduisit près de la fenêtre, pour que, éclairée par le rayon de la lune, elle pût signer.

Luisa signa.

— La! dit-il en relevant la tête, je vais te laisser cette plume, cette encre et un cahier de papier; tu trouveras bien moyen de les cacher quelque part : ils peuvent t'être utiles.

— Oh! oui, oui, donnez, mon ami! dit Luisa. Oh! comme vous êtes bon et comme vous pensez à tout! Mais qu'avez-vous, et que regardez-vous?

En effet, les regards du chevalier s'étaient, à travers les doubles barreaux de la fenêtre, fixés sur la partie du port que l'on pouvait apercevoir par l'ouverture.

A trente ou quarante mètres du pied de la tour, se balançait la goëlette du capitaine Skinner.

— Miracle du ciel! murmura le chevalier. Allons! je commence à croire que c'est lui qui est destiné à te sauver.

Un homme se promenait de long en large sur le pont, et, de temps en temps, jetait un regard avide sur le fort, comme s il eût voulu en sonder les murailles.

En ce moment, la clef grinça dans la serrure : onze heures sonnaient.

Le chevalier prit la tête de Luisa entre ses deux mains et dirigea son regard vers le pont du petit bâtiment.

— Vois-tu cet homme ? lui dit-il à voix basse.

— Oui, je le vois. Eh bien, après?

— Eh bien, Luisa, cet homme, c'est lui.

— Qui, lui ? demanda la jeune femme toute frissonnante.

— Celui qui te sauvera si je ne te sauve pas, moi. Mais (il lui prit la tête et lui baisa passionnément le front et les yeux) je te sauverai ! je te sauverai ! je te sauverai !

Et il s'élança hors de la prison, dont la porte se referma sans que Luisa s'en aperçût.

Toute son âme était passée dans ses yeux, et ses yeux dévoraient de leur regard cet homme qui se promenait sur le pont de la goëlette.

CXIX

PETITS ÉVÉNEMENTS GROUPÉS AUTOUR DES GRANDS

Si la scène se fût passée de jour, au lieu de se passer dans la nuit, le chevalier se fût précipité par les escaliers, sans s'inquiéter du geôlier en chef, et en continuant de s'écrier : « Je la sauverai ! » Mais le corridor était dans l'obscurité la plus complète, n'ayant pas même le rayon de lune qui éclairait la prison de Luisa.

Force lui fut donc d'attendre le guichetier et sa lanterne.

Celui-ci le reconduisit avec les mêmes marques d'attention dont il l'avait comblé à son arrivée. Aussi, arrivé dans la cour, le chevalier mit-il la main à sa poche et, en tirant les quelques pièces d'or qu'elle contenait, les offrit-il au geôlier.

Celui-ci les prit et les pesa d'un air mélancolique dans sa main en secouant la tête.

— Mon ami, dit San-Felice, c'est bien peu, je le

sais; mais je me souviendrai de toi, sois tranquille; seulement, c'est à la condition que tu auras toute sorte d'égards pour la pauvre femme qui est ta prisonnière.

— Je ne me plains pas de ce que Votre Excellence me donne, tant s'en faut ! répondit-il. Mais, si Son Excellence voulait, elle pourrait, d'un mot, faire plus pour moi que je ne pourrai jamais faire pour elle.

— Et que puis-je faire pour toi ? demanda San-Felice.

— J'ai un fils, Excellence, et, depuis un an, je sollicite sans pouvoir l'obtenir, son admission comme geôlier dans la forteresse. S'il y était, je le chargerais spécialement du service de la dame en question, dont je ne peux pas m'occuper, n'ayant que la surveillance générale.

— Je ne demande pas mieux, dit San-Felice, qui pensa tout de suite au parti qu'il pouvait tirer de ce protecteur de bas étage. Et de qui dépend sa nomination ?

— Sa nomination dépend du chef de la police.

— T'es-tu déjà adressé à lui ?

— Oui; mais, vous comprenez, Excellence, il faudrait pouvoir... (et il fit le geste d'un homme qui compte de l'argent), et je ne suis pas riche.

— C'est bien : tu feras une demande et tu me l'adresseras.

— Excellence, dit le geôlier en chef en tirant un papier de sa poche, pendant que vous étiez dans la chambre de la prisonnière, j'ai rédigé ma demande, pensant que vous seriez assez bon pour vous en charger.

— Je m'en charge, en effet, mon ami, dit le chevalier, et il ne dépendra pas de moi que tu n'obtiennes ce que tu désires. Si tu as besoin de moi, viens chez Son Altesse royale le duc de Calabre et demande le chevalier San-Felice.

Et, mettant la pétition dans sa poche, le chevalier prit congé de son protégé, sortit de la forteresse et se dirigea vers la place des Quatre-Cantons, où, on se le rappelle, il avait rendez-vous avec le faux capitaine américain.

Celui-ci l'attendait, et, en l'apercevant, marcha droit à lui.

Tous deux s'abordèrent en s'interrogeant.

Joseph Palmieri raconta sa visite au roi, se félicita de la façon dont il avait été reçu et surtout de la certitude où il était maintenant de pouvoir rester à son mouillage, c'est-à-dire dans le voisinage du fort.

De son côté, le chevalier lui fit part de son projet, et, pour qu'il s'en rendît bien compte, lui donna à lire la demande en grâce rédigée par le duc de Calabre.

Joseph Palmieri s'approcha de la lampe d'une madone et lut; dans sa distraction, le chevalier s'était trompé et lui avait donné à lire la supplique du geôlier en chef, au lieu de la demande en grâce du duc.

Mais Joseph Palmieri n'était pas homme à laisser passer à portée de sa main une circonstance qui pût lui être utile sans mettre la main dessus. Il commença par prendre l'adresse du futur geôlier : *Tonino Monti, via della Salute, n° 7*; et, rendant la supplique au chevalier :

— Vous vous êtes trompé de papier, lui dit-il.

Le chevalier fouilla à sa poche et y trouva, en effet, le placet qu'il avait cru donner et en place duquel il avait donné la supplique du geôlier en chef.

Joseph Palmieri la lut avec plus d'attention encore que la première.

— Oui, sans doute, dit-il, si Ferdinand a un cœur, il y a une chance ; mais je doute qu'il en ait un.

Et il remit la demande en grâce au chevalier.

— A quelle époque, demanda-t-il, comptez-vous sur l'accouchement de la princesse ?

— Mais elle attend sa délivrance du jour au lendemain.

— Attendons comme elle, dit Palmieri. Mais, si le roi refuse, ou si elle accouche d'une fille ?...

— Alors, vous recevrez cette même supplique déchirée en morceaux, ce qui voudra dire que vous pouvez agir à votre tour, attendu que, de notre coté, il n'y aura plus d'espoir ; ou sinon ce seul mot : Sauvée ! vous dira tout ce que vous aurez besoin de savoir. Seulement, vous me donnez votre parole de ne rien tenter d'ici là ?

— Je vous la donne ; seulement, vous me permettrez de m'informer topographiquement de la chambre qu'occupe la prisonnière dans la forteresse ?

Le chevalier saisit la main de son interlocuteur, en la lui serrant avec un mouvement de fiévreuse énergie.

— La jeunesse est puissante devant le Seigneur, dit-il. La fenêtre de la prisonnière donne directement sur la goëlette le *Runner*.

Et il s'éloigna rapidement en cachant son visage dans son manteau.

Le chevalier ne s'était pas trompé, et, cette fois encore, les sympathiques effluves de la jeunesse avaient divisé leurs courants magnétiques. A peine le chevalier avait-il quitté la chambre de Luisa, après lui avoir fait remarquer cet homme, qui, à une demi-encablure du pied de la forteresse, se promenait pensif sur le pont de la goëlette, que Salvato — car c'était bien Salvato lui-même — crut entendre passer dans l'air son nom emporté par la brise de la nuit.

Il leva la tête, ne vit rien et crut s'être trompé.

Mais le même son frappa une seconde fois son oreille.

Ses yeux se fixèrent alors sur l'ouverture sombre qui se dessinait dans la muraille grise, et, à travers les barreaux de cette ouverture, il crut voir s'agiter une main et un mouchoir.

Le cri correspondant à celui qui sortait du cœur de la prisonnière s'élança du sien, et les ondes de l'air frémirent de nouveau, agitées par ces deux syllabes : « Luisa ! »

Le mouchoir se détacha de la main, flotta un instant dans l'air et tomba au pied de la muraille.

Salvato eut la prudence d'attendre un instant, de regarder autour de lui si personne n'avait vu ce qui venait de se passer, et, s'étant assuré que tout était bien resté entre lui et la prisonnière, sans prévenir aucun des hommes de l'équipage, il mit le youyou à la mer, et, comme un pêcheur qui tend ses lignes, il s'approcha de la plage.

Un espace de terrain d'une dizaine de mètres séparait le quai du pied du mur de la prison, et le bonheur voulut qu'aucune sentinelle n'y fût placée.

Salvato amarra son canot au rivage, ne fit qu'un bond, se trouva au pied de la muraille, ramassa le mouchoir et revint au canot.

A peine y avait-il repris sa place, qu'il entendit le pas mesuré d'une patrouille ; mais, au lieu de s'éloigner du quai, ce qui eût pu donner des soupçons, il enfonça le mouchoir dans sa poitrine et resta dans le canot, faisant avec sa ligne ce mouvement de haut en bas que fait un homme qui pêche à la palangre.

La patrouille parut au pied de la tour; le sergent qui la commandait se détacha des rangs et s'approcha du canot.

— Que fais-tu là ? demanda-t-il à Salvato, vêtu en simple marin.

Celui-ci lui fit répéter la question une seconde fois, comme s'il n'eût pas compris ; puis :

— Vous le voyez bien, répondit Salvato avec un accent anglais très-prononcé, je pêche.

Quoique détestés par les Siciliens, les Anglais devaient à la présence de Nelson certains égards que l'on n'accordait point aux individus des autres nations.

— Il est défendu d'amarrer des bateaux au quai, répondit le chef de la patrouille, et il y a de la place dans le port pour pêcher sans venir pêcher ici. Au large donc, l'ami !

Salvato fit entendre un grognement de mauvaise humeur, tira du fond de la mer sa palangre, à laquelle il eut la chance de trouver pendu un calamaris, et rama vers la goëlette.

— Bon ! dit le sergent en rejoignant sa patrouille, voilà qui le changera de son bœuf salé.

Et, enchanté de la plaisanterie, il disparut un instant sous une voûte dont il explora la profondeur sombre, reparut et continua sa ronde de nuit en longeant les murs extérieurs de la forteresse.

Quant à Salvato, il s'était déjà plongé dans l'intérieur de la goëlette, baisant le mouchoir marqué d'une L, d'une S et d'une F.

Un des quatre coins était noué ; il y porta vivement la main et sentit un papier.

Sur le papier étaient écrits ces mots :

« Je t'ai reconnu, je te vois, je t'aime ! Voici mon premier moment de joie depuis que je t'ai quitté.

» Mon Dieu, pardonnez-moi si c'est parce que j'espère en lui que j'espère en vous !

» Ta Luisa. »

Salvato remonta sur le pont ; ses yeux se reportèrent immédiatement vers l'ouverture.

La main blanche se dessinait toujours sur les barreaux sombres.

Salvato secoua le mouchoir, le baisa, et son nom passa de nouveau à son oreille avec la brise de la nuit.

Mais, comme il eût été imprudent, par une nuit aussi claire, de continuer un semblable échange de signes, Salvato s'assit et demeura immobile, tandis qu'à travers le double barreau, son œil, habitué aux ténèbres, pouvait encore distinguer la blanche apparition, vers laquelle ne le guidait plus la main imprudente.

Quelques instants après, on entendit le bruit d'une double rame qui battait la mer, et l'on vit, à travers le labyrinthe de bâtiments qui couvraient le port, s'avancer une barque qui s'arrêta au pied du petit escalier de la goëlette.

C'était Joseph Palmieri qui rentrait à bord.

— Bonne nouvelle! s'écria en anglais Salvato, s'élançant dans les bras de son père. Elle est là, là, à cette fenêtre! Voilà son mouchoir et une lettre d'elle!

Joseph Palmieri sourit d'un ineffable sourire et murmura :

— O pauvre chevalier! tu avais bien raison de dire : « La jeunesse est puissante devant Dieu! »

C

LA NAISSANCE D'UN PRINCE ROYAL

Quelques jours après les événements que nous venons de raconter, le roi chassait la caille à tir, escorté de son fidèle Jupiter, dans les jardins de la Bagaria et sur le versant septentrional des collines qui s'élèvent à quelque distance de la plage.

Il avait avec lui les deux plus fidèles compagnons de ces sortes de plaisirs, excellents tireurs comme lui, sir William Hamilton et le président Cardillo.

La chasse était splendide : c'était le retour des cailles.

Les cailles, comme tout chasseur sait, ont par an deux passages. Dans le premier, aux mois d'avril et de mai, elles vont du midi au nord ; à cette époque, elles sont maigres et sans saveur. Dans le second, qui a lieu au mois de septembre et d'octobre, elles sont, au contraire, grasses et succulentes, surtout en Sicile, leur première étape pour regagner l'Afrique.

Le roi Ferdinand s'amusait donc, — nous ne dirons pas comme un roi, nous savons trop bien que, tout roi qu'il était, il ne s'était pas toujours amusé, mais comme un chasseur qui nage dans le gibier.

Il avait tiré cinquante coups et tué cinquante pièces, et il offrait de parier qu'il irait ainsi jusqu'à la centaine, sans en manquer une seule.

Tout à coup, on vit venir un cavalier courant à toute bride; et, guidé par les coups de fusil, à la distance de cinq cents pas à peu près des chasseurs, il arrêta son cheval, se dressa sur ses étriers pour voir lequel des trois était le roi, et, l'ayant reconnu, il vint droit à lui.

Ce cavalier était un messager que le duc de Calabre envoyait au roi, son père, pour lui annoncer que la duchesse était prise des premières douleurs, et, le prier, selon les lois de l'étiquette, d'assister à l'accouchement.

— Bon! fit le roi, tu dis les premières douleurs?
— Oui, sire.
— En ce cas, j'ai bien une heure ou deux devant moi. Antonio Villari est-il là?
— Oui, sire, et deux autres médecins avec lui.
— Alors, tu vois bien : je n'y puis rien faire. Tout beau, Jupiter! Je vais encore tuer quelques cailles. Retourne à Palerme, et dis au prince que je te suis.

Et il alla à Jupiter, qui, sur la recommandation de

son maître, tenait l'arrêt aussi ferme que s'il eût été changé en pierre.

La caille partit, le roi la tua.

— Cinquante et une, Cardillo ! dit-il.

— Pardieu ! dit le président, de mauvaise humeur de n'en être qu'à la trentaine, avec un chien comme le vôtre, ce n'est pas malin. Je ne sais même pas comment Votre Majesté se donne la peine de brûler de la poudre et de semer du plomb. A sa place, je prendrais le gibier à la main.

Le domestique qui suivait le roi, lui passait, pendant ce temps, un autre fusil tout chargé.

— Eh bien, dit le roi au messager, tu n'es pas encore parti ?

— J'attendais pour savoir si le roi n'avait pas d'autres ordres à me donner.

— Tu diras à mon fils que j'en suis à ma cinquante et unième caille, et que Cardillo n'est encore qu'à sa trentième.

Le messager repartit au galop, et la chasse continua.

Le roi, en une heure, tua vingt-cinq autres cailles.

Il changeait son fusil déchargé contre un fusil chargé, lorsqu'il vit revenir le même messager à fond de train.

— Eh bien, lui cria-t-il, tu viens me dire que la duchesse est accouchée?

— Non, sire; je viens, au contraire, dire à Votre Majesté qu'elle souffre beaucoup.

— Que veut-elle que j'y fasse?

— Votre Majesté sait qu'en pareille circonstance sa présence est commandée par le cérémonial. Il peut arriver un malheur.

— Eh bien, demanda le président, qu'y a-t-il?

— Il y a que cela ne va pas tout seul, à ce qu'il paraît, répondit Ferdinand.

— De sorte que nous allons quitter la chasse au milieu de la journée? Au reste, que Votre Majesté la quitte si elle veut, je reste : je ne m'en retournerai que quand j'aurai mes cent pièces.

— Ah! dit Ferdinand, une idée! Retourne vite à Palerme et ordonne de sonner toutes les cloches.

— Et je puis dire à Son Altesse royale...?

— Tu peux lui dire que j'y suis aussitôt que toi. As-tu vu nos chevaux?

— Ils sont à la grille de la Bagaria, sire.

— Eh bien, dis-leur, en passant, de se rapprocher.

Le messager repartit au galop.

Un quart d'heure après, toutes les cloches de Palerme étaient en branle.

— Ah ! dit le roi, voilà qui doit lui faire du bien. Et il continua sa chasse.

Il en était à sa quatre-vingt-dixième caille, sans en avoir manqué une seule.

— Voulez-vous parier que j'irai jusqu'à la centaine, sans un faux coup, Cardillo ?

— Ce n'est pas la peine.

— Pourquoi cela ?

— Parce que voilà le messager qui revient.

— Diable ! dit Ferdinand. Tout beau, Jupiter ! Je vais toujours tuer ma quatre-vingt-onzième, en attendant.

La caille partit, le roi la tua.

Lorsqu'il se retourna, le messager était près de lui.

— Eh bien, lui demanda Ferdinand, les cloches l'ont-elles soulagée ?

— Non, sire : les médecins ont des craintes.

— Les médecins ont des craintes ! répéta Ferdinand en se grattant l'oreille. C'est grave, alors ?

— Très-grave, sire.

— En ce cas, qu'on expose le saint sacrement.

— Sire, je ferai observer à Votre Majesté que les médecins disent que votre présence est urgente.

— Urgente ! urgente ! répéta Ferdinand avec impatience ; je n'y ferai pas plus que le bon Dieu !

— Sire, le cheval de Votre Majesté est là.

— Je le vois bien, pardieu ! Va, va, mon garçon ; et, si le saint sacrement n'y fait rien, j'irai moi-même.

Et il ajouta à voix basse :

— Quand j'aurai tué mes cent cailles, bien entendu.

Au bout d'un quart d'heure, le roi avait tué ces cent cailles. Sir William l'avait suivi de près et en avait tué quatre-vingt-sept. Le président Cardillo était de dix en arrière sur sir William et de vingt-trois sur le roi : aussi était-il furieux.

Les cloches sonnaient toujours à grande volée, ce qui prouvait qu'il n'y avait pas de nouveau.

— *Alla malora !* dit le roi avec un soupir, il paraît qu'elle s'entête à ne rien finir que je ne sois là. Allons-y donc. On a bien raison de dire : « Ce que femme veut, Dieu le veut. »

Et, sautant à cheval :

— Vous êtes libres d'aller jusqu'à vos cent cailles, dit-il aux deux autres chasseurs. Moi, je retourne à Palerme

— En ce cas, dit sir William, je suis Votre Majesté : ma charge m'oblige à ne pas vous quitter dans un pareil moment.

— C'est bien, allez, dit Cardillo ; moi, je reste.

Le roi et sir William mirent leurs montures au galop.

Au moment où ils entraient dans la ville, le carillon des cloches cessa.

— Ah! ah! dit le roi, il paraît que c'est fini. Maintenant, reste à savoir si c'est un garçon ou une fille.

On passa devant une église : tous les cierges étaient allumés, le saint sacrement était exposé sur l'autel, l'église était pleine de gens qui priaient.

On entendit le bruit des pétards et l'on vit l'air sillonné par les fusées.

— Bien! dit le roi, voilà qui est de bon augure.

Le roi vit de loin venir le même messager ; il tenait son chapeau en l'air et criait : « Vive le roi ! » Tout le monde courait après lui ou s'élançait au-devant de lui. C'était miracle qu'il n'écrasât personne.

Du plus loin qu'il aperçut le roi :

— Un prince, sire! un prince! cria-t-il.

— Eh bien, dit le roi à sir William, quand j'aurais été là, je n'y aurais rien ajouté.

Les cris du peuple annoncèrent l'arrivée de Ferdinand au palais.

Tout le monde était dans la joie, et le roi était attendu avec la plus grande impatience.

Le duc et la duchesse de Calabre avaient pris à cœur la cause de la San-Felice, non pour elle, qu'ils ne connaissaient pas, l'ayant vue à peine, mais pour son mari.

Le pauvre chevalier, plus mort que vif, plus agité surtout que si c'était son propre sort qui allait se débattre, était à genoux dans un cabinet attenant à la chambre à coucher, et priait.

C'est qu'il connaissait le roi, et qu'il savait qu'il avait beaucoup à craindre et peu à espérer.

La jeune mère était dans son lit. Elle n'avait aucun doute, elle : qui pourrait refuser quelque chose à ce bel enfant qu'elle venait de mettre au monde avec tant de douleurs ? Ce serait une impiété !

Ne serait-il pas roi un jour ? n'était-il pas d'heureux augure qu'il entrât dans la vie par la porte de la clémence et en balbutiant le mot *Grâce!*

On avait eu le temps, son grand-père n'étant pas encore là au moment de sa naissance, de lui faire sa toilette et de lui passer une magnifique robe de dentelles.

Il avait les cheveux blonds des princes autrichiens, des yeux bleus étonnés qui regardaient sans voir, la peau fraîche comme une rose et blanche comme du satin.

La mère le tenait couché près d'elle, ne se lassant

pas de l'embrasser. Elle lui avait glissé, dans les plis de la robe qui recouvrait ses langes royaux, la supplique de la malheureuse San-Felice.

On entendit dans la rue, se rapprochant du palais sénatorial, les cris de « Vive le roi ! »

Le prince pâlit : il lui sembla, à lui si craintif devant son père, qu'il allait commettre un crime de lèse-majesté.

La princesse fut plus courageuse que lui.

— O François, dit-elle, nous ne pouvons cependant pas abandonner cette pauvre femme !

San-Felice, qui entendit ces mots, ouvrit la porte de l'alcôve, et par cette porte passa sa tête pâle et effarée.

— O mon prince ! dit-il avec le ton du reproche.

— J'ai promis, je tiendrai, dit François. J'entends les pas du roi : ne te montre pas, ou tu perds tout.

San-Felice referma la porte du cabinet au moment où le roi ouvrait celle de la chambre à coucher.

— Eh bien, eh bien, dit-il en entrant, tout est donc fini, et de la bonne façon, grâce à Dieu ! Je te fais mon compliment, François.

— Et à moi, sire ? demanda l'accouchée.

— A vous, je vous le ferai quand j'aurai vu l'enfant.

— Sire, vous savez que j'ai droit à trois faveurs, dit la princesse, comme ayant donné un héritier au royaume?

— Et on vous les accordera, si c'est un beau mâle.

— Oh! sire, c'est un ange!

Et elle prit l'enfant à son côté et le présenta au roi.

— Ah! par ma foi, dit le roi en le lui prenant des mains et en se retournant vers son fils, je n'aurais pas mieux fait, moi qui m'en pique.

Il y eut un moment de silence; toutes les respirations étaient arrêtées, tous les cœurs cessaient de battre.

On attendait que le roi vît le placet.

— Oh! oh! qu'a-t-il donc sous le bras?

— Sire, dit Marie-Clémentine, au lieu des trois faveurs que l'on accorde d'habitude à la princesse royale qui donne un héritier à la couronne, je n'en demande qu'une.

Et sa voix, en prononçant ces paroles, était si tremblante, que le roi la regardait avec étonnement.

— Diable! ma chère fille, dit le roi, il paraît que c'est bien difficile, ce que vous désirez?

Et, couchant l'enfant dans le pli de son bras gauche, il prit le papier de la main droite et le déplia lentement en regardant le prince François, qui pâlit, et la princesse Marie-Clémentine, qui se laissa retomber sur son oreiller.

Le roi commença de lire ; mais, dès les premiers mots, son sourcil se fronça et l'expression de son visage devint sinistre.

— Oh ! dit-il avant même d'avoir tourné la page, si c'était cela que vous aviez à me demander, monsieur mon fils, et vous, madame ma belle-fille, vous avez perdu votre peine. Cette femme est condamnée, cette femme mourra.

— Sire ! balbutia le prince.

— Dieu lui-même voudrait la sauver, que j'entrerais en lutte contre Dieu !

— Sire, au nom de cet enfant !

— Tenez ! s'écria le roi, reprenez-le, votre enfant ! le voilà, je vous le rends.

Et, le rejetant violemment sur le lit, il sortit en criant :

— Jamais ! jamais !

La princesse Marie-Clémentine poussa un gémissement et prit dans ses bras son enfant qui pleurait.

— Oh ! pauvre innocent ! dit-elle, cela te portera malheur...

Le prince tomba sur une chaise sans avoir la force de prononcer une parole.

Le chevalier poussa la porte du cabinet, et, plus pâle qu'un mort, il vint ramasser la supplique qui était tombée à terre.

— O mon ami ! dit le prince en lui tendant la main, tu le vois, il n'y a pas de notre faute.

Mais lui, sans paraître voir ni entendre le prince, sortit en déchirant la supplique et en disant :

— C'est véritablement un monstre que cet homme !

CLXXVIII

TONINO MONTI

A l'instant même où le roi s'élançait, furieux, hors de la chambre de la princesse royale, et où San-Felice le suivait en déchirant la supplique, le capitaine Skinner discutait dans sa cabine le prix de son engagement avec un grand et beau garçon de vingt-cinq ans, qui était venu s'offrir à lui pour faire partie de l'équipage de la goëlette.

Quand nous disons *s'offrir à lui*, la chose pourrait

être dite d'une façon plus exacte. La veille, un de ses meilleurs matelots, qui exerçait à bord le poste de contre-maître et qui était né à Palerme, chargé par le capitaine Skinner de recruter quelques hommes pour renforcer son équipage, avait vu, à la porte de la maison n° 7 de la rue della Salute, un beau jeune homme coiffé d'un bonnet de pêcheur et portant un caleçon relevé jusqu'au-dessus du genou, lequel laissait voir une jambe vigoureuse et fine tout à la fois.

Il s'était arrêté un instant devant lui et l'avait regardé avec une attention et une persistance qui lui avaient valu, en patois sicilien, cette question :

— Que me veux-tu?

— Rien, avait répondu le contre-maître dans le même patois. Je te regarde et je me dis, à part moi, que c'est une honte.

— Qu'est-ce qui est une honte?

— Qu'un grand et fort gaillard comme toi, qui ferait un si beau matelot, soit destiné à faire un si mauvais geôlier.

— Qui t'a dit cela? demanda le jeune homme.

— Que t'importe, du moment que je le sais!

Le jeune homme haussa les épaules.

— Que veux-tu! dit-il, l'état de pêcheur ne nourrit

pas son homme, et l'état de geôlier rapporte deux carlins par jour.

— Bon ! deux carlins par jour ! dit le contre-maître en faisant claquer ses doigts : belle rétribution pour un si triste métier ! Moi, je suis à bord d'un bâtiment où les mousses ont deux carlins, les novices quatre, et les matelots huit.

— Tu gagnes huit carlins par jour, toi ? demanda le jeune pêcheur.

— Moi ? J'en gagne douze : je suis contre-maître.

— Peste ! dit le pêcheur, quel commerce fait donc ton capitaine, pour payer ses hommes ce prix-là ?

— Il ne fait aucun commerce, il se promène.

— Il est donc riche ?

— Il est millionnaire.

— Bon état, et qui vaut encore mieux que celui de matelot à huit carlins.

— Lequel, cependant, vaut mieux que celui de geôlier à deux.

— Je ne dis pas ; mais c'est mon père qui s'est coiffé de cette idée-là. Il veut absolument que je lui succède comme geôlier en chef.

— Ce qui lui vaut ?

— Six carlins par jour.

Le contre-maître se mit à rire.

— Au fait, dit-il, voilà un riche avenir ! Et tu es décidé ?

— Ah ! je n'ai pas la vocation. Mais, ajouta-t-il avec l'insouciance des hommes du Midi, il faut bien faire quelque chose.

Ce n'est pas amusant de se lever la nuit, de faire des rondes dans les corridors, d'entrer dans les cachots, de voir de malheureux prisonniers qui pleurent !

— Bah ! on s'y habitue. Est-ce qu'il n'y a pas partout des gens qui pleurent !

— Ah ! je vois ce que c'est, dit le contre-maître : tu es amoureux, et tu ne veux pas quitter Palerme.

— Amoureux ! j'ai eu deux maîtresses dans ma vie, et l'une m'a quitté pour un officier anglais, l'autre pour un chanoine de Sainte-Rosalie.

— Alors, libre comme l'air ?

— Libre comme l'air. Et, si tu as un bon poste à m'offrir, comme je ne suis pas encore nommé geôlier, que j'attends depuis trois ans ma nomination, fais tes offres.

— Un bon poste ?... Je n'en ai pas d'autre que celui de matelot à bord de mon bâtiment.

— Et quel est ton bâtiment ?

— Le *Runner*.

— Ah ! ah ! vous êtes de l'équipage américain ?

— Eh bien, as-tu quelque chose contre les Américains ?

— Ils sont hérétiques.

— Celui-là est catholique comme toi et moi.

— Et tu t'engages à me faire recevoir à bord ?

— J'en parlerai au capitaine.

— Et j'aurai huit carlins par jour comme les autres ?

— Oui.

— Fait-on la pagnote, ou est-on nourri ?

— On est nourri.

— Convenablement ?

— On a le café et le petit verre de rhum le matin ; à midi, la soupe, un morceau de bœuf ou de mouton rôti, du poisson, si l'on en a pincé, et, le soir, du macaroni.

— Je voudrais voir cela.

— Il ne tient qu'à toi. Il est onze heures et demie; on dîne à midi ; je t'invite à dîner avec nous.

— Et le capitaine ?

— Le capitaine ? Est-ce qu'il fera attention à toi !

— Ah ! ma foi, dit le jeune homme, j'accepte ; j'allais dîner avec un morceau de baccala.

— Pouah ! fit le contre-maître : il y a un chien à bord, il n'en veut pas.

— *Madonna !* dit le jeune homme, il y a beaucoup

de chrétiens alors qui ne demanderaient pas mieux que d'être chiens à bord de ton bâtiment.

Et, passant son bras sous celui du contre-maître, il suivit le quai jusqu'à la Marina.

A la Marina, il y avait un canot amarré, près du débarcadère. Il était gardé par un seul matelot ; mais le contre-maître fit entendre un roulement de son sifflet, et trois autres matelots accoururent et sautèrent dans la barque, où le contre-maître et le jeune pêcheur descendirent à leur tour.

— Au *Runner!* et vivement! leur dit en mauvais anglais le contre-maître en prenant place au gouvernail.

Les matelots se roidirent sur leurs rames, et la légère embarcation glissa sur l'eau.

Dix minutes après, elle abordait l'escalier de bâbord du *Runner*.

Le contre-maître avait dit la vérité : ni le capitaine ni son second ne parurent remarquer l'arrivée d'un étranger à bord. On se mit à table, et, comme la pêche avait été bonne et qu'un des matelots, Provençal de naissance, avait fait une bouillabaisse, le repas fut encore plus soigné que le contre-maître ne l'avait annoncé.

Nous devons avouer que les trois plats qui se succédèrent, arrosés d'une demi-bouteille de vin de Calabre, parurent produire une sensation favorable sur l'esprit de l'invité.

Au dessert, le capitaine parut sur le pont, accompagné de son second, et, en se promenant, se dirigea vers l'avant du petit bâtiment.

A l'approche du capitaine, les matelots se levèrent, et, comme le capitaine leur faisait signe de la main de se rasseoir :

— Pardon, mon capitaine, dit le contre-maître, mais j'ai une prière à vous faire.

— Et que veux-tu? demanda le capitaine Skinner en riant. Voyons, parle, mon brave Giovanni.

— Ce n'est pas moi, capitaine, c'est un de mes compatriotes que j'ai racolé par les rues de Palerme, et que j'ai invité à dîner avec nous.

— Ah! ah! Et où est-il, ton compatriote?

— Le voilà, capitaine.

— Que demande-t-il?

— Une grande faveur, capitaine.

— Laquelle?

— Celle de boire à votre santé.

— C'est chose accordée, dit le capitaine, et tout le bénéfice en sera pour moi.

— Hourra pour le capitaine! crièrent les matelots d'une seule voix.

Skinner salua de la tête.

— Et comment s'appelle ton compatriote? demanda-t-il.

— Ma foi, dit Giovanni, je n'en sais rien.

— Je m'appelle votre serviteur, Excellence, répondit le jeune homme, et voudrais bien que vous me répondissiez que vous vous appelez mon maître.

— Ah! ah! tu as de l'esprit, garçon!

— Vous croyez, Excellence?

— J'en suis sûr.

— Depuis que ma mère me le disait quand j'étais tout petit, personne cependant ne s'en est aperçu.

— Mais enfin tu as encore un autre nom que celui de mon serviteur?

— J'en ai deux autres, Excellence.

— Lesquels?

— Tonino Monti.

— Attends donc, attends donc, dit le capitaine comme s'il cherchait à rappeler ses souvenirs, il me semble que je te connais.

Le jeune homme secoua dubitativement la tête.

— Cela m'étonnerait bien, dit-il.

— Je me rappelle... Oui, c'est cela. N'es-tu pas le fils du geôlier en chef du fort de Castellamare?

— Ma foi, oui. Eh bien, il faut que vous soyez sorcier pour avoir deviné cela...

— Je ne suis pas sorcier, mais je suis l'ami de

quelqu'un qui sollicite pour toi le poste de geôlier, je suis l'ami du chevalier San-Felice.

— Et qui ne l'obtiendra pas, naturellement.

— Bon! et pourquoi ne l'obtiendrait-il pas? Le chevalier est non-seulement le bibliothécaire, mais encore l'ami du duc de Calabre.

— Oui; mais il est le mari de la prisonnière si chaudement recommandée par Sa Majesté, et qui ne vit que par grâce. Si le chevalier avait eu quelqu'un d'influent, il aurait commencé par obtenir la vie de sa femme.

— C'est justement parce qu'on lui a refusé ou qu'on lui refusera probablement une grande faveur que l'on sera charmé de lui en accorder une petite.

— Que Dieu me fasse la grâce de ne pas vous entendre!

— Et pourquoi cela?

— Parce qu'il m'arrangerait mieux de vous servir que de servir le roi Ferdinand.

— Je ne veux cependant pas, je te le déclare, répliqua en riant le capitaine Skinner, lui faire concurrence.

— Oh! vous ne lui ferez pas concurrence, capitaine : je donne ma démission avant d'être nommé.

— Ah! capitaine, dit Giovanni, acceptez-la. Tonino est un bon garçon. Pêcheur d'enfance, ça fera un excellent marin. Je réponds de lui. Nous serons tous contents de le voir porter sur le rôle de l'équipage.

— Oh! oui, oui! s'écrièrent tous les matelots.

— Capitaine, dit Tonino, la main sur sa poitrine, foi de Sicilien, si Votre Excellence m'accorde ma demande, vous serez content de moi.

— Écoute, mon ami, répondit le capitaine, je ne demande pas mieux, car tu me parais un bon garçon. Mais je ne veux pas qu'on dise que je suis un racoleur, et qu'on m'accuse de t'avoir engagé pendant que tu étais ivre. Amuse-toi avec tes compagnons tant qu'il te plaira; mais rentre ce soir chez toi. Réfléchis cette nuit, demain toute la journée, et, demain au soir, si tu es toujours dans les mêmes intentions, reviens, et nous terminerons.

— Vive le capitaine! cria Tonino.

— Vive le capitaine! répéta tout l'équipage.

— Voilà quatre piastres, dit Skinner : allez à terre, mangez-les, buvez-les, cela ne me regarde pas; mais que tout le monde, ce soir, soit ici, et qu'il n'y ait pas trace du vin que l'on aura bu. Allez.

— Mais la goëlette, capitaine? demanda Giovanni.

— Laisse deux hommes à bord.

— Bon, capitaine! c'est à qui ne voudra pas rester.

— Vous tirerez au sort, et chacune des victimes recevra une piastre pour consolation.

On tira au sort, et les deux matelots qui tombèrent reçurent chacun une piastre.

Le soir, à neuf heures, tout le monde était rentré, et, comme l'avait recommandé le capitaine, on était gai, mais voilà tout.

Le capitaine passa la revue de son équipage, comme il avait l'habitude de le faire tous les soirs, et fit à Giovanni, mais pour lui seul, le signe de le suivre dans son cabinet.

Dix minutes après, excepté les matelots du premier quart de nuit, tout le monde était couché à bord.

Giovanni se glissa dans la cabine du capitaine, qui attendait avec son second. Tous deux paraissaient impatients.

— Eh bien? lui demanda Skinner.

— Eh bien, capitaine, il est à nous.

— Tu en es sûr?

— Comme si je le voyais déjà couché sur le rôle.

— Et tu crois que demain...?

— Demain, à six heures du soir, aussi vrai que je m'appelle Giovanni Capriolo, il aura signé.

— Dieu le veuille! murmura le second : ce sera déjà la moitié de notre affaire faite.

Et, en effet, le lendemain, comme l'avait promis Giovanni, et comme nous l'avons dit dans les premières lignes de ce chapitre, après avoir débattu pour la forme le chiffre des appointements, sur sa demande expresse consignée dans l'engagement, Tonino Monti, libre et majeur, s'engageait pour trois ans comme matelot à bord du *Runner*, et recevait d'avance trois mois d'appointements, se soumettant à toute la rigueur de la loi, s'il manquait à sa parole.

CII

LE GEOLIER EN CHEF

Au moment où le nouvel enrôlé venait d'apposer — avec quelque difficulté d'exécution, mais lisiblement néanmoins, — sa signature au bas de l'engagement, un matelot entrait dans la cabine, tenant à la main une enveloppe contenant des papiers qu'un messager venait d'apporter de la part du chevalier San-Felice, avec recommandation expresse de ne les remettre qu'au capitaine Skinner lui-même.

Dès midi, le bruit s'était répandu dans Palerme que la duchesse de Calabre était atteinte des douleurs de l'enfantement. Les propriétaires de la goëlette étaient trop intéressés à cet événement pour n'être point des premiers à en être instruits ; puis le son des cloches, puis l'exposition du saint sacrement leur avaient appris les craintes de la cour ; enfin, les pétards, les fusées et les illuminations les avaient mis au courant de l'heureux résultat auquel ils portaient un si vif intérêt, puisque la vie de la prisonnière y était en quelque sorte attachée.

Le capitaine Skinner comprit donc à l'instant que l'enveloppe contenait, quelle qu'elle fût, la décision du roi.

Il fit un signe à Salvato, qui jeta un coup d'œil sur l'engagement, dit à Tonino que tout était bien ainsi, prit l'engagement et le mit dans sa poche.

Tonino, enchanté de faire enfin légalement partie de l'équipage du *Runner*, remonta sur le pont.

Salvato et son père, restés seuls, s'empressèrent de briser le cachet : l'enveloppe contenait la supplique de Luisa déchirée en huit ou dix morceaux.

On le sait, cette réponse seule était significative ; elle disait clairement : « Le roi a été impitoyable. »

Mais à ces fragments déchirés étaient joints deux autres papiers intacts.

Le premier, que Salvato ouvrit, était de l'écriture du chevalier.

Il contenait ce qui suit :

« J'allais vous envoyer ces papiers déchirés sans aucun commentaire, — car, ainsi que la chose était convenue entre nous, ils signifiaient que la princesse avait échoué, et que, de notre côté, il n'y avait plus d'espoir, — quand j'ai reçu du directeur de la police la nomination, sollicitée par moi, de Tonino Monti au poste de geôlier adjoint. Y a-t-il dans cette nomination un moyen de salut? Je n'en sais rien et n'essaye même pas de le chercher, tant ma tête est perdue; mais vous, vous êtes des hommes de ressource et d'imagination, vous avez des moyens de fuite qui me manquent, des hommes d'exécution que je n'ai pas et que je ne saurais où trouver. Cherchez, imaginez, inventez, jetez-vous, s'il le faut, dans l'insensé, dans l'impossible; mais sauvez-la!

» Moi, je ne puis que la pleurer.

» Ci-joint le brevet de Tonino Monti. »

La nouvelle était terrible; mais ni Salvato ni son père n'avaient jamais compté sur la clémence royale. Le désappointement de ce côté-là était donc loin de produire l'effet qu'il avait produit sur le chevalier San-Felice.

Les deux hommes se regardèrent avec tristesse,

mais non avec désespoir. Il y avait plus : il leur semblait que cette nomination de Tonino Monti était une compensation à l'échec annoncé par la supplique déchirée.

Comme on l'a vu, eux aussi avaient compté sur cet accident, et, en s'emparant à tout hasard de Tonino, avaient pris leurs mesures en conséquence.

Leurs projets étaient bien vagues encore, ou plutôt ils n'avaient pas encore de projets. Ils étaient là, l'œil au guet, l'oreille avide, le bras tendu, prêts à saisir l'occasion si l'occasion se présentait. Il leur avait semblé voir une lueur quelconque dans l'accaparement de Tonino; cette lueur s'augmentait de sa nomination. Eh bien, à la lueur de ce crépuscule, ils allaient chercher à donner un corps à ce rêve, jusque-là fugitif, insaisissable.

Il était sept heures du soir. A huit, ils paraissaient avoir pris une résolution; car l'avis fut donné à tout l'équipage qu'on devait lever l'ancre dans l'aprèsmidi du lendemain.

Tonino fut autorisé à aller, dans la soirée même ou le lendemain dans la journée, prendre congé de son père. Mais il déclara qu'il craignait tellement la colère du bonhomme, que, loin d'aller prendre congé de lui, il se sauverait à fond de cale s'il le voyait venir du côté du bâtiment.

Il paraît que Salvato et son père ne pouvaient rien désirer de mieux que cet effroi de Tonino ; car ils échangèrent un signe de satisfaction.

Maintenant, nous allons raconter les événements tels qu'ils se passèrent, sans essayer de leur donner d'autre explication que celle des faits.

Le lendemain, vers cinq heures du soir, par un temps nuageux et sombre, la goëlette le *Runner* commença de faire ses préparatifs pour lever l'ancre.

Pendant cette opération, soit maladresse de l'équipage, soit défaut dans la chaîne, un anneau se rompit et l'ancre resta au fond.

Cet accident arrive parfois, et, quand l'ancre n'est point restée à une trop grande profondeur, des plongeurs descendent au fond de l'eau dans laquelle a échoué le cabestan.

Malgré l'accident arrivé à l'ancre, on ne continua pas moins d'appareiller ; seulement, il fut convenu que, l'ancre n'étant qu'à trois brasses de profondeur, un canot resterait avec huit hommes et le contre-maître Giovanni pour repêcher l'ancre, et que la goëlette attendrait en croisant à l'entrée du port.

Pour se faire visible dans une nuit sans lune, elle devait porter trois feux de couleurs différentes.

Vers huit heures du soir, elle fut dégagée des différents navires stationnant dans le port et commença de courir des bordées à l'endroit convenu, tandis que les huit matelots dont on avait eu besoin pour la manœuvre d'appareillage et de sortie revenaient avec la barque pour repêcher l'ancre.

A la même heure, le geôlier en chef du fort de Castellamare, Ricciardo Monti, sortait de la prison, prévenant le gouverneur qu'il recevait une lettre de son fils lui annonçant que ce fils était nommé geôlier adjoint, selon son plus grand désir, et qu'il reviendrait avec lui entre neuf et dix heures, ayant à remplir quelques formalités de police.

Sans doute, cette lettre lui avait été écrite par Tonino, sur le conseil de quelque camarade, afin de détourner l'attention de son père du départ de la goëlette, où il pouvait entendre dire que son fils était engagé.

Le rendez-vous avait été donné à Ricciardo Monti dans une des petites tavernes de la piazza Marina. Sans défiance aucune, il entra en demandant Tonino Monti. On lui indiqua un corridor conduisant à une salle où, lui dit-on, son fils buvait avec trois ou quatre camarades.

A peine fut-il entré dans la salle, où il chercha vainement des yeux celui qui lui avait donné rendez-vous, qu'il fut saisi par les quatre hommes, lié, bâillonné et couché sur un lit, avec l'assurance qu'il serait libre le lendemain matin et qu'il ne lui serait fait aucun mal s'il n'essayait pas de fuir.

La seule violence qui lui fut faite et qui nécessita l'emploi de la force et surtout des menaces, fut de lui prendre le trousseau de clefs qu'il portait à sa ceinture, clefs à l'aide desquelles il entrait dans la chambre des prisonniers.

Ce trousseau de clefs fut passé, à travers la porte entre-bâillée, à quelqu'un qui attendait derrière cette porte.

Une demi-heure après, un jeune homme de l'âge et de la taille de Tonino frappait à la porte du fort et demandait à parler au gouverneur, de la part de son père.

Le gouverneur ordonna qu'il fût introduit près de lui.

Le jeune homme lui dit alors que Ricciardo Monti, au moment où il traversait la rue de Tolède, tout en fête à cause de l'accouchement de la princesse, avait été blessé par un mortarello qui avait éclaté, et transporté à l'hôpital dei Pellegrini.

Le blessé l'avait aussitôt fait appeler, lui avait remis son trousseau et lui avait donné l'ordre de se rendre sur-le-champ chez Son Excellence le gouverneur, qui était prévenu par lui, de justifier de sa nomination en présentant le brevet à Son Excellence, et de le remplacer jusqu'à sa guérison, qui ne pouvait tarder.

Le gouverneur lut le brevet du nouveau geôlier adjoint; il était parfaitement en règle. Il n'y avait rien d'extraordinaire dans l'accident de Ricciardo Monti, ces sortes d'accidents arrivant par centaines à chaque fête. Il avait, en effet, comme nous l'avons dit, été prévenu que son geôlier en chef sortait pour lui ramener son fils. Il ne prit donc aucun soupçon, invita le faux Tonino à garder provisoirement les clefs de son père, à se faire instruire de son service et à entrer en fonction.

Le nouveau geôlier remit précieusement son brevet dans sa poche, rattacha à sa ceinture les clefs qu'il avait déposées sur la table du gouverneur et sortit.

L'inspecteur, prévenu des désirs du gouverneur, le conduisit de corridor en corridor, lui montrant les chambres habitées.

Il y en avait neuf.

En passant devant celle de la San-Felice, il s'arrêta un instant pour lui expliquer l'importance de la prisonnière : on devait entrer dans sa chambre et s'assurer de sa présence trois fois le jour et deux fois la nuit : la première fois à neuf heures du soir, la seconde à trois heures du matin.

De nouveaux ordres, au reste, avaient été donnés le jour même de redoubler de surveillance à l'intérieur et à l'extérieur.

La tournée finie, l'inspecteur montra la chambre de garde. Le geôlier chargé de veiller sur cette partie de la forteresse devait y demeurer toute la nuit. Il avait quatre heures pour dormir dans le jour.

S'il s'ennuyait ou craignait de s'endormir dans la chambre de garde, il était libre de se promener dans les corridors.

Il était onze heures et demie lorsque l'inspecteur et le nouveau geôlier se séparèrent, l'inspecteur lui recommandant l'exactitude et la vigilance, le geôlier promettant que, sous ce nouveau rapport, il ferait encore plus qu'on n'attendait de lui.

En effet, qui l'eût vu debout à la porte de la chambre de garde, donnant sur le premier corridor et s'ouvrant au pied de l'escalier n° 1, l'œil ouvert, l'oreille au guet, n'aurait pu l'accuser de manquer à sa parole.

Il se tint là debout et immobile jusqu'à ce que tout bruit s'éteignit dans le fort.

Minuit sonna.

CIII

LA PATROUILLE

Le douzième coup frappé sur le timbre avait à peine cessé de retentir, que le nouveau geôlier, que l'on eût pu prendre jusque-là pour la statue de l'attente, s'anima, et, comme mû d'une résolution subite, monta l'escalier sans hâte, mais sans lenteur. Et, en effet, si son pas était entendu, si son passage était remarqué, si une question lui avait été faite, il eût eu à répondre : « En l'absence de mon père, j'ai la surveillance de la prison ; je surveille. »

Mais tout dormait dans la citadelle : personne ne le vit, personne ne l'entendit, personne ne le questionna.

Arrivé au second étage, il parcourut le corridor dans toute sa longueur, puis revint sur ses pas, mais avec plus de précautions, mais étouffant sa marche, l'oreille tendue, retenant son haleine.

Tout à coup, il s'arrêta devant la porte de la prison de la San-Felice.

Il tenait d'avance dans sa main la clef de cette porte.

Il l'introduisit dans la serrure avec tant de précaution et la fit tourner avec tant de lenteur, qu'à peine entendit-on le grincement du fer sur le fer : la porte s'ouvrit.

Cette fois, la nuit était sombre, le vent sifflait à travers les barreaux de la fenêtre, dont on ne distinguait pas même l'ouverture, tant l'obscurité était épaisse.

Le jeune homme fit un pas dans la chambre en retenant son souffle.

Puis, comme il cherchait en vain des yeux la prisonnière.

— Luisa ! murmura-t-il.

Un souffle apporta à son oreille le nom de Salvato ! puis, au moment même, deux bras s'élancèrent à son cou et une bouche s'appuya contre la sienne.

Un souffle de flamme, un murmure de joie se croisèrent. C'était la première fois depuis le jour de la condamnation au tribunal, et, par conséquent, de leur séparation, que les deux amants se retrouvaient dans les bras l'un de l'autre.

Sans doute, par des signes échangés entre eux

dans la journée, Salvato avait prévenu Luisa de cette visite, de peur que la surprise ne lui arrachât quelque cri de terreur. Aussi, on l'a vu, pleine d'espérance, mais pleine de crainte, avait-elle attendu que Salvato prononçât son nom avant de lui répondre.

Il y eut dans le rapprochement de ces deux cœurs, si profondément dévoués l'un à l'autre, un moment d'extase muette et immobile.

Salvato en sortit le premier.

— Allons, chère Luisa, dit-il, maintenant, pas un instant à perdre : nous sommes arrivés au moment suprême où notre sort commun va se décider. Je t'ai dit : « Sois calme et patiente : nous mourrons tous deux ou nous vivrons ensemble. » Tu as compté sur moi, me voilà.

— Oh! oui, et Dieu est grand, Dieu est bon! Maintenant, que puis-je faire? comment puis-je t'aider?

— Écoute, répondit Salvato. J'ai à accomplir un travail qui durera plus d'une heure, j'ai à scier les barreaux de ta fenêtre. Il est minuit et quelques minutes : nous avons encore quatre heures de nuit devant nous. Ne précipitons rien, mais réussissons cette nuit : demain, tout sera découvert.

— Je te le demande une seconde fois, que ferai-je pendant cette heure?

— Je laisse la porte entr'ouverte, comme elle l'est : moitié dans ta prison, moitié dehors, tu écoutes si quelque bruit ne nous menace pas d'un danger. Au moindre soupçon, tu m'appelles, je sors, je referme la porte sur toi. La porte refermée, je suis en ronde de nuit, n'inspirant nulle défiance puisqu'on me trouve dans l'exercice de mon devoir. Je rentre un quart d'heure après et j'achève l'œuvre commencée. Maintenant, du courage et du sang-froid!

— Sois tranquille, ami, je serai digne de toi, répondit Luisa en lui serrant la main avec une force presque virile.

Salvato tira alors de sa poche deux limes fines à l'acier mordant, l'une pouvant casser pendant l'opération, et, Luisa s'étant, selon sa recommandation, placée de manière à percevoir tout bruit qui se ferait dans les corridors et dans les escaliers, Salvato commença de limer les barreaux de cette main ferme et assurée qu'aucun péril ne pouvait faire trembler.

La lime était si fine, que l'on entendait à peine le cri de la morsure sur le fer. D'ailleurs, ce bruit, même plus perceptible, se fût perdu dans les sifflements du vent et les premiers grondements du tonnerre, annonçant un orage prochain.

— Beau temps! murmura Salvato remerciant tout bas le tonnerre de se mettre de la partie.

Et il continua son travail.

Rien ne vint l'en distraire.

Comme il l'avait prévu, au bout d'une heure, quatre barreaux furent sciés, et la fenêtre présenta une ouverture assez grande pour que deux personnes pussent passer par cette ouverture.

Alors, il releva de nouveau son surtout et détacha une corde roulée autour de sa ceinture. Cette corde, solide, quoique finement tressée, était d'une longueur plus que suffisante pour toucher la terre.

A l'une de ses extrémités était un anneau tout préparé, destiné à être passé dans la partie verticale du barreau scié par Salvato et restée adhérente et scellée à la muraille.

Salvato fit, de distance en distance, des nœuds à la corde, nœuds destinés à servir de point d'appui à ses mains et à ses genoux.

Puis il sortit de la chambre et parcourut le corridor jusqu'à l'endroit où il aboutissait à l'escalier.

Là, penché sur la lourde rampe de fer, l'œil interrogeant les ténèbres, l'oreille interrogeant le silence, il demeura un instant immobile et sans respiration.

— Rien !... mumura-t-il avec une expression de joie et de triomphe.

Et, revenant vivement sur ses pas, il rentra dans la chambre, retira la clef de la porte, la referma en dedans, paralysa le serrure en y glissant trois ou quatre clous, prit Luisa dans ses bras, la pressa contre son cœur en lui recommandant le courage, fixa l'anneau à la tige de fer, lia, de peur qu'elles ne se desserrassent par le poids, l'une à l'autre les deux mains de Luisa, et l'invita à lui passer les deux bras autour du cou.

Seulement alors, Luisa comprit le mode d'évasion que comptait employer Salvato, et le cœur lui faillit à l'idée qu'elle allait être suspendue dans le vide, et qu'il lui faudrait descendre de trente pieds de haut suspendue au cou de son amant, qui n'aurait lui-même d'autre appui que la corde.

Cependant, sa terreur fut muette. Elle tomba à genoux, leva au ciel ses mains liées par le mouchoir, fit à voix basse une courte prière à Dieu, et se releva en disant :

— Je suis prête.

En ce moment, un éclair sillonna les nuées, épaisses et basses, et, à la lueur de cet éclair, Salvato put voir de grosses gouttes de sueur sillonner le visage pâle de Luisa.

— Si c'est cette descente qui t'effraye, dit Salvato, qui comptait avec raison sur ses muscles de fer, je te réponds d'arriver à terre sans accident.

— Mon ami, répondit Luisa, je te répète que je suis prête. J'ai confiance en toi, et je crois en Dieu.

— Alors, dit Salvato, ne perdons pas une minute.

Salvato passa la corde en dehors de la fenêtre, s'assura de sa solidité, tendit sa tête à Luisa pour qu'elle passât la chaîne de ses bras autour de son cou, monta sur un tabouret qu'il avait préparé, passa avec Luisa à travers l'ouverture, et, sans s'inquiéter du frissonnement nerveux qui agitait tout le corps de la pauvre femme, il saisit de ses genoux la corde qu'il tenait déjà de ses mains, et se lança dans le vide.

Luisa retint un cri lorsqu'elle se sentit suspendue et balancée au-dessus de ces dalles, dont elle avait si souvent avec effroi mesuré la hauteur, et ferma les yeux en cherchant de ses lèvres celles de Salvato.

— Ne crains rien, murmura tout bas Salvato ; j'ai des forces pour trois fois la longueur de cette corde.

Et, en effet, elle se sentait descendre d'un mouvement lent et mesuré indiquant à la fois la force et le sang-froid du puissant gymnaste qui essayait de la rassurer. Mais, à la moitié de la longueur de la corde, Salvato s'arrêta tout à coup.

Luisa ouvrit les yeux.

— Qu'y a-t-il ? demanda-t-elle.

— Silence! fit Salvato.

Et il parut écouter avec une attention profonde.

Au bout d'un instant :

— N'entends-tu rien ? demanda-t-il à Luisa d'une voix perceptible pour elle seule.

— Les pas de plusieurs hommes, il me semble, répondit celle-ci d'une voix faible comme le dernier soupir de la brise expirante.

— C'est quelque patrouille, fit Salvato. Nous n'aurions pas le temps de descendre avant qu'elle fût passée... Laissons-la passer, nous descendrons après.

— Mon Dieu ! mon Dieu ! je n'ai plus de force! murmura Luisa.

— Qu'importe, si j'en ai, moi ! répondit Salvato.

Pendant ce court dialogue, les pas s'étaient rapprochés, et Salvato, dont les yeux seuls étaient restés ouverts, voyait, à la lueur d'une lanterne portée par un soldat, poindre une patrouille de neuf hommes, contournant le pied de la muraille. Mais peu importait à Salvato; l'obscurité était si grande, qu'à moins d'un éclair, il était invisible à la hauteur à laquelle il était suspendu, et, comme il l'avait dit, il se sentait assez de forces pour attendre que la patrouille fût passée et eût disparu.

La patrouille, en effet, passa sous les pieds des deux fugitifs ; mais, au grand étonnement de Salvato, qui la suivait avidement des yeux, elle s'arrêta au pied de la tour, échangea quelques mots avec un soldat en sentinelle et qu'il n'avait pas encore aperçu, laissa un autre soldat à la place de celui-là, et s'enfonça sous la voûte, où un reflet de sa lanterne resta visible, preuve qu'elle ne l'avait pas franchie.

Si rudement trempée que fût l'âme de Salvato, un frisson passa dans ses veines. Il avait tout deviné. La demande du prince de Calabre et de la princesse Marie-Clémentine avait ravivé la haine contre la San-Felice ; de nouveaux ordres de surveillance avaient été donnés, et une sentinelle placée au pied de la tour était le résultat de ces ordres.

Luisa, appuyée au cœur de Salvato, sentit, en quelque sorte, son cœur frémir.

— Qu'y a-t-il ? demanda-t-elle en ouvrant d'effroi ses grands yeux.

— Rien, répondit Salvato ; Dieu nous protégera !

Et, en effet, les fugitifs avaient grand besoin de la

protection de Dieu : une sentinelle se promenait au pied de la tour, et les forces de Salvato, suffisantes pour descendre, étaient insuffisantes pour remonter.

D'ailleurs, descendre, c'était la mort possible ; remonter, c'était la mort assurée.

Salvato n'hésita point. Il profita du moment où, dans sa promenade régulière et bornée, la sentinelle s'éloignait tournant le dos pour achever de descendre. Mais, au moment même où il touchait la terre, le soldat se retournait. Il vit à dix pas de lui un groupe informe s'agiter dans l'ombre.

— Qui vive ? cria-t-il.

Salvato, sans répondre, tenant Luisa à moitié évanouie de terreur entre ses bras, prit sa course vers la mer, où certainement l'attendait la barque.

— Qui vive ? répéta la sentinelle en s'apprêtant à mettre en joue.

Salvato, toujours muet, pressa sa course. Il distinguait la barque, il voyait ses amis, il entendait la voix de son père, qui criait, à lui : « Courage ! » et, à ses matelots ; « Accostez ! »

— Qui vive ? cria une troisième fois le soldat, le fusil à l'épaule.

Et, comme la demande restait sans réponse, guidé par un éclair qui illumina le ciel en ce moment, le coup partit.

Luisa sentit faiblir Salvato, qui tomba sur un genou, poussant un cri où l'on pouvait distinguer encore plus de rage que de douleur.

Puis, d'une voix étouffée, tandis que le soldat qui venait de faire feu criait : « Aux armes ! » lui essayait de crier une dernière fois : « Sauvez-la ! »

Luisa, à moitié évanouie, folle de douleur, incapable de faire un mouvement, les poignets liés l'un à l'autre, les bras passés autour du cou de Salvato, vit alors, comme dans un songe, se ruer l'une contre l'autre deux troupes d'hommes ou plutôt de démons furieux, luttant, se frappant, hurlant, la foulant aux pieds avec des cris de mort.

Puis, au bout de cinq minutes, le combat, pour ainsi dire, se déchirait en deux : elle restait mourante aux mains des soldats, qui l'entraînaient vers la citadelle, tandis que les matelots emportaient dans leur barque Salvato mort, la balle du factionnaire lui ayant traversé le cœur et le père de Salvato, évanoui, d'un coup de crosse de fusil qu'il avait reçu sur la tête.

En entrant dans sa prison, Luisa, quoique enceinte de sept mois seulement, Luisa, brisée par les émotions terribles qu'elle venait d'éprouver, fut prise des douleurs de l'enfantement, et, vers cinq heures du matin, accoucha d'un enfant mort.

Une faveur ou plutôt un repentir de la Providence lui épargnait cette dernière douleur d'avoir à se séparer de son enfant !

CIV

L'ORDRE DU ROI

Huit jours après les événements que nous venons de raconter, le vice-roi de Naples, prince de Cassero-Statella, étant au théâtre dei Fiorentini, avec notre vieille connaissance le marquis Malaspina, vit s'ouvrir la porte de sa loge, et, à travers cette porte, aperçut, debout dans le corridor, un huissier du palais, suivi d'un officier de marine.

L'officier de marine tenait un pli scellé d'un large cachet rouge.

— Monsieur le prince vice-roi! dit l'huissier.

L'officier de marine s'inclina et tendit la dépêche au prince.

— De quelle part? demanda le prince.

— De la part de Sa Majesté le roi des Deux-Siciles,

répondit l'officier, et, la dépêche étant d'importance, j'oserai en demander un reçu à Votre Excellence.

— Alors, vous venez de Palerme? demanda le prince.

— J'en suis parti avant-hier, sur *la Sirène*, monseigneur.

— La santé de Leurs Majestés était bonne?

— Excellente, prince.

— Donnez un reçu en mon nom, Malaspina.

Le marquis tira un portefeuille de sa poche et commença d'écrire le reçu.

— Que Votre Excellence, dit l'officier, ait la bonté d'indiquer le lieu et l'heure auxquels la dépêche a été remise au prince.

— Ah çà! dit Malaspina, cette dépêche est donc bien importante?

— De la plus haute importance, Excellence.

Le marquis donna le reçu dans les conditions où le demandait l'officier et rentra dans la loge, dont la porte se referma sur lui.

Le prince achevait de lire la dépêche.

— Tenez, Malaspina, lui dit-il, cela vous regarde.

Et il lui passa le papier.

Le marquis Malaspina le prit, et lut cet ordre, à la fois concis et terrible:

« Je vous expédie la San-Felice. Que, dans les

douze heures de son arrivée à Naples, elle soit exécutée.

» Elle est confessée, et, par conséquent, en état de grâce.

» FERDINAND B. »

Malaspina regarda d'un œil étonné le prince de Cassero-Statella.

— Eh bien? demanda-t-il.

— Eh bien, mon cher, avisez, cela vous regarde.

Et le prince se remit à écouter le *Matrimonio segreto*, chef-d'œuvre du pauvre Cimarosa, qui venait de mourir à Venise de la peur d'être pendu à Naples.

Malaspina resta muet. Il n'avait jamais cru qu'au nombre de ses devoirs comme secrétaire du vice-roi, fût celui de préparer les exécutions capitales.

Mais, nous l'avons dit, le marquis était un courtisan tout à la fois railleur obéissant; aussi le prince de Cassero n'eut qu'à se retourner vers lui une seconde fois, et lui dire : « Vous avez entendu! » pour qu'il s'inclinât et sortît, muet mais prêt à obéir.

Il descendit, prit une voiture qui stationnait à la porte du théâtre, et se fit conduire à la Vicaria.

La San-Felice venait d'y arriver, il y avait une heure à peine, brisée, mourante, anéantie. Elle avait été conduite à la chambre attenante à la chapelle, où nous avons vu Cirillo, Caraffa, Pimentel, Manthonnet et Michele suer leur agonie.

La dépêche n'était accompagnée d'aucune autre instruction que celle-ci :

« Son Excellence le prince de Cassero-Statella est chargé de l'exécution de cette femme, exécution dont il répond sur sa propre tête. »

Le marquis Malaspina comprit, comme le lui avait dit le vice-roi, que c'était à lui d'aviser.

Il pouvait hésiter avant de prendre un parti; mais, une fois son parti pris, il le mettait bravement à exécution.

Il remonta en voiture, et dit au cocher :

— Rue des Soupirs-de-l'Abîme!

On se rappelle qui demeurait rue des Soupirs-de-l'Abîme : c'était maître Donato, le bourrreau de Naples.

Arrivé à la porte, le marquis Malaspina ressentit quelque répugnance à entrer dans cette demeure maudite.

— Appelle maître Donato, dit-il au cocher, et fais qu'il vienne me parler.

Le cocher descendit, ouvrit la porte, et cria :

— Maître Donato! venez ici.

On entendit alors une voix de femme qui répondait :

— Mon père n'est point à Naples.

— Comment, son père n'est point à Naples ? Il est donc en congé, son père ?

— Non, Votre Excellence, répondit la même voix qui s'était rapprochée ; il est à Salerne pour affaire de son état.

— Comment, de son état ? répondit Malaspina. Expliquez-moi cela, la belle enfant.

Et, en effet, il venait de voir apparaître sur la porte une jeune femme, suivie pas à pas d'un homme qui semblait être son amant ou son époux.

— Oh ! Excellence, l'explication sera bien facile, répondit la jeune femme, qui n'était autre que Marina. Son confrère de Salerne est mort hier, et il y avait quatre exécutions à faire, deux demain, deux après-demain. Il est parti aujourd'hui à midi, et reviendra après-demain au soir.

— Et il n'a laissé personne pour le remplacer ? demanda le marquis.

— Dame, non : aucun ordre n'a été donné, et les prisons, à ce qu'il paraît, sont à peu près vides. Il a pris ses aides avec lui, ne se fiant point à des gens avec qui il n'a point travaillé.

— Et ce garçon-là ne saurait, au besoin, le remplacer ? dit le marquis en montrant Giovanni.

Giovanni, — on a deviné que c'était lui, dont les

vœux avaient été comblés en devenant l'époux de Marina, — Giovanni secoua la tête :

— Je ne suis pas le bourreau, dit-il, je suis pêcheur.

— Et comment faire? demanda Malaspina. Donnez-moi un conseil, au moins, si vous ne voulez pas me donner un coup de main.

— Dame, voyez! Vous êtes dans le quartier des bouchers, — les bouchers, en général, sont royalistes : — peut-être, lorsqu'il saura que ce n'est qu'un jacobin à pendre, peut-être y en aura-t-il quelqu'un qui consente à faire la chose.

Malaspina comprit que c'était le seul parti qu'il eût à prendre, et, ne pouvant s'engager avec sa voiture dans le dédale de rues qui s'étendent entre le quai et le Vieux-Marché, il se mit en quête d'un bourreau amateur.

Le marquis s'adressa à trois braves gens, qui refusèrent, quoiqu'il offrît jusqu'à soixante et dix piastres et qu'il montrât, signé de la main du roi, l'ordre d'exécuter dans les douze heures.

Il sortait désespéré de chez le dernier, en murmurant : « Je ne peux pourtant pas la tuer moi-même! » lorsque celui-ci, frappé d'une idée lumineuse, le rappela,

— Excellence, dit le boucher, je crois que j'ai votre affaire.

— Ah ! murmura Malaspina, c'est bien heureux !

— J'ai un voisin... Il n'est pas boucher, il est tueur de boucs : vous ne tenez point absolument à un boucher, n'est-ce pas ?

— Je tiens à trouver un homme qui, comme vous le disiez tout à l'heure, fasse mon affaire.

— Eh bien, adressez-vous au beccaïo. Il a été fort persécuté par les républicains, le pauvre homme ! et il ne demandera pas mieux que de se venger.

— Et où demeure-t-il, le beccaïo ? demanda le marquis.

— Viens ici, Peppino, dit le boucher s'adressant à un jeune garçon couché dans un coin de la boutique sur un amas de peaux à moitié sèches ; viens ici, et conduis Son Excellence chez le beccaïo.

Le jeune garçon se leva, s'étira et, tout grognant d'être réveillé dans son premier sommeil, se prépara à obéir.

— Allons, mon garçon, dit Malaspina pour l'encourager, si nous réussissons, il y a une piastre pour toi.

— Mais, si vous ne réussissez pas, dit l'enfant avec la logique de l'égoïsme, j'aurai été dérangé tout de même, moi.

— C'est juste, dit Malaspina : voilà la piastre, pour le cas où nous ne réussirions pas, et, si nous réussissons, il y en aura une seconde.

— A la bonne heure ! voilà qui est parler. Donnez-vous la peine de me suivre, Excellence.

— Est-ce loin ? demanda Malaspina.

— C'est là, Excellence ; la rue à traverser, voilà tout.

L'enfant marcha devant, le marquis suivit.

Le guide avait dit vrai, il n'y avait que la rue à traverser. Seulement, la boutique du beccaïo était fermée ; mais, à travers les contrevents mal joints, on voyait transparaître de la lumière.

— Ohé ! le beccaïo ! cria l'enfant en frappant du poing contre la porte.

— Qu'y a-t-il ? demanda une voix rude.

— Un monsieur habillé de drap qui veut vous parler (1).

Et, comme cette indication, si précise qu'elle fût, ne paraissait point hâter la détermination du beccaïo :

— Ouvre mon ami, dit Malaspina ; je viens de la part du vice-roi, et je suis son secrétaire.

(1) Le « vêtu de drap » (*vestito di panno*) est le signe d'aristocratie devant lequel s'inclinaient les Napolitains du dernier siècle.

Ces mots opérèrent comme la baguette d'une fée : la porte s'ouvrit par magie, et, à la lueur d'une lampe fumeuse et près de s'éteindre, éclairant des amas d'ossements et de peaux sanglantes, il aperçut un être informe, mutilé, hideux.

C'était le beccaïo avec son œil crevé, sa main mutilée, sa jambe de bois.

Debout à la porte de son charnier, il semblait le génie de la destruction.

Malaspina, quoiqu'il eût le cœur fort solide à certains endroits, ne put réprimer un mouvement de dégoût.

Le beccaïo s'en aperçut.

— Ah ! c'est vrai, dit-il en grinçant des dents, ce qui était sa manière de rire, je ne suis pas beau, Excellence. Mais je ne présume pas que vous veniez chercher ici une statue du musée Borbonico.

— Non, je viens chercher un fidèle serviteur du roi, un homme qui n'aime pas les jacobins et qui ait juré de se venger d'eux. On m'a adressé à vous, et l'on m'a dit que vous étiez cet homme-là.

— Et l'on ne vous a pas trompé. Donnez-vous donc la peine d'entrer, Excellence.

Malgré la répugnance qu'il éprouvait à mettre le pied dans ce charnier, le marquis entra.

Le gamin qui l'avait conduit, intéressé à connaître le résultat de la négociation, voulait se glisser derrière lui ; mais le beccaïo leva sur l'enfant son bras mutilé.

— Arrière, garçon ! dit-il ; tu n'as pas affaire avec nous.

Et il referma la porte au nez du gamin, qui resta dehors.

Le beccaïo et le marquis Malaspina restèrent dix minutes, à peu près, enfermés ensemble ; puis le marquis sortit.

Le beccaïo l'accompagna jusqu'à la porte avec force révérences.

A dix pas dans la rue, Malaspina rencontra son guide.

— Ah ! ah ! dit-il, te voilà, garçon ?

— Certainement, me voilà, dit le gamin ; j'attendais.

— Et qu'attendais-tu ?

— J'attendais pour savoir si vous aviez réussi.

— Oui. Et, dans ce cas-là...?

— Votre Excellence se le rappelle, elle me devait une seconde piastre.

Le marquis fouilla à sa poche.

— Tiens, dit-il, la voilà.

Et il lui donna une pièce d'argent.

— Merci, Excellence, dit le gamin en la mettant

dans la même main que la première, et en les faisant sauter toutes deux comme des castagnettes. Dieu vous donne une longue vie !

Le marquis remonta dans sa voiture, en donnant l'ordre au cocher de toucher aux Florentins.

Pendant ce temps, Peppino montait sur une borne, et, à la lueur de la lampe d'une madone, examinait la pièce qu'il venait de recevoir.

— Oh! dit-il, il m'a donné un ducat au lieu d'une piastre ! c'est deux carlins qu'il me vole. Ces grands seigneurs, sont-ils canailles !

Pendant que Peppino faisait son apologie, le marquis Malaspina roulait vers les Florentins.

À la porte du théâtre, ou plutôt sur la petite place qui la précède, il vit la voiture du vice-roi ; ce qui indiquait que le prince était encore au spectacle.

Il sauta à bas de son carrocello, paya son cocher, monta vivement et se fit ouvrir la porte de la loge du prince.

Au bruit que fit cette porte en s'ouvrant, le prince se retourna.

— Ah! ah! Malaspina, dit-il, c'est vous?

— Oui, mon prince, répondit le marquis avec sa brutalité ordinaire.

— Eh bien ?

— Tout est arrangé, et, demain, à dix heures du

matin, les ordres de Sa Majesté seront exécutés.

— Merci, répondit le prince. Mettez-vous donc là. Vous avez perdu le duo du second acte; mais, par bonheur, vous arrivez à temps pour le *Pira che spunti l'aurora!*

CV

LA MARTYRE

Nous voudrions supprimer les derniers détails qui nous restent à raconter, et, arrivé au bout de la voie douloureuse, écrire simplement sur la pierre d'une tombe : CI-GÎT LUISA MOLINA SAN-FELICE, MARTYRE ; mais l'implacable histoire qui nous a guidé pendant tout ce long récit veut que nous allions jusqu'au bout, les forces dussent-elles nous manquer, et dussions-nous, comme le divin maître, trois fois sur la route, succomber sous le poids de notre fardeau.

Du moins, nous le jurons ici, nous ne faisons pas de l'horreur à plaisir. Nous n'inventons rien; nous racontons l'événement comme un simple spectateur de la tragédie le raconterait. Hélas! cette fois encore, la réalité dépassera tout ce que l'imagination pourrait inventer.

Dieu du jugement dernier! Dieu vengeur! Dieu de Michel-Ange! donnez-nous la force d'aller jusqu'au bout!

Comme nous l'avons indiqué dans le chapitre précédent, la prisonnière du fort de Castellamare avait été transportée, sortie à peine des douleurs de l'enfantement, de Palerme à Naples, sur la corvette *la Sirène*, avait été conduite, en arrivant, à la prison de la Vicaria et déposée dans la chambre attenante à la chapelle.

Là, ne pouvant se tenir ni debout ni assise, elle était littéralement tombée sur un matelas, si faible, si mourante, si morte déjà, peut-on dire, que l'on avait jugé inutile de l'enchaîner. Les geôliers n'avaient pas plus craint de la voir fuir que le chasseur ne craint de voir s'envoler la colombe à laquelle son coup de fusil a brisé les deux ailes.

En effet, les deux liens qui eussent pu l'attacher à la vie étaient rompus. Elle avait senti Salvato plier, tomber, expirer pour elle, et, comme un avertissement qu'elle n'avait pas le droit de survivre à celui qui l'avait tant aimée, elle avait vu l'enfant qui la protégeait, avant le terme fixé par la nature, se hâter de sortir de ses entrailles.

Tirer à son tour l'âme de ce pauvre corps brisé était chose bien facile.

Soit pitié, soit pour suivre ce terrible cérémonial de la mort, ses geôliers lui demandèrent si elle avait besoin de quelque chose.

Elle n'eut point la force de répondre et se contenta de secouer la tête négativement.

L'avis donné par Ferdinand qu'elle était en état de grâce, et pouvait mourir sans confession, avait été transmis au gouverneur de la Vicaria, et le prêtre, en conséquence, n'avait été convoqué que pour l'heure à laquelle elle devait quitter la prison, c'est-à-dire pour huit heures du matin.

L'exécution ne devait avoir lieu qu'à dix heures; mais la pauvre femme, mourant sous l'accusation d'avoir causé le supplice des deux Backer, devait faire amende honorable à la porte de leur maison et à la place où ils avaient été fusillés.

Puis il y avait un avantage très-grand à cette décision. On se rappelle cette lettre de Ferdinand où il dit au cardinal Ruffo qu'il ne s'étonne point qu'il y ait du bruit au Vieux-Marché, attendu que, depuis huit jours, on n'a pendu personne à Naples. Or, depuis plus d'un mois, il n'y avait pas eu d'exécution. On savait les prisons presque vidées par les bourreaux. On ne pouvait plus guère compter sur ce genre de spectacle pour maintenir le peuple dans la soumission. Le supplice de la San-Felice était donc le bienvenu, et il fallait le rendre le plus éclatant et le plus douloureux possible pour qu'il fît prendre patience à ces bêtes féroces du Vieux-Marché que, depuis six mois, Ferdinand nourrissait de chair humaine et désaltérait avec du sang.

Il est vrai que le hasard, en éloignant maître Donato, c'est-à-dire le bourreau patenté, et en lui substituant le beccaïo, c'est-à-dire un bourreau amateur, ménageait, sous ce rapport, de douces surprises au peuple bien-aimé de Sa Majesté Sicilienne.

Nous n'essayerons pas de peindre ce que fut pour la pauvre femme cette nuit d'angoisses. Seule, son amant mort, son enfant mort ; jetée, le corps meurtri au dehors, mutilé au dedans, sur ce matelas funèbre, dans cette antichambre de l'échafaud qui avait vu passer tant de martyrs, elle resta dans l'atonie terrible de la prostration morale et physique ; ne sortant de cette prostration que pour compter les heures, dont chaque vibration, comme un coup de poignard, pénétrait dans son cœur ; puis, le dernier frisson du bronze éteint, le calcul fait du temps qui lui restait à vivre, laissant retomber sa tête sur sa poitrine, et rentrant dans sa somnolente agonie.

Enfin, quatre heures, cinq heures, six heures sonnèrent, et le jour parut : le dernier !

Il était sombre et pluvieux, en harmonie, du moins, avec la lugubre cérémonie qu'il allait éclairer : un sinistre jour de novembre, un de ces jours qui annoncent la mort de l'année.

Le vent sifflait dans les corridors; la pluie, qui tombait à torrents, fouettait les fenêtres.

Luisa, sentant que l'heure approchait, se souleva avec effort sur ses genoux, appuya sa tête à la muraille, et, grâce à cet appui, pouvant demeurer à demi debout, se mit à prier.

Mais elle n'avait plus mémoire d'aucune prière, ou plutôt, n'ayant jamais prévu la situation où elle se trouvait, elle n'avait pas de prière pour cette situation, et, simple écho d'un cœur défaillant, ses lèvres répétaient : « Mon Dieu! mon Dieu! mon Dieu! »

A sept heures, on ouvrit la porte extérieure des *bianchi*. Elle frissonna sans savoir quelle était la signification du bruit qu'elle entendait; mais tout bruit était pour elle un coup frappé par la mort sur la porte de la vie!

A sept heures et demie, elle entendit un pas lourd et intermittent retentir dans la chapelle; puis la porte de sa prison s'ouvrit, et, sur le seuil, elle vit apparaître quelque chose de fantastique et de hideux, un être comme en enfantent les étreintes du cauchemar.

C'était le beccaïo, avec sa jambe de bois, sa main gauche mutilée, son visage fendu, son œil crevé.

Un large couperet était passé dans sa ceinture, près de son couteau à égorger les moutons.

Il riait.

— Ah! ah! dit-il, te voilà, la belle! Je ne connaissais pas toute ma chance. Je savais bien que tu étais la dénonciatrice des pauvres Backer; mais je ne savais pas que tu fusses la maîtresse de cet infâme Salvato!... Il est donc mort! ajouta-t-il en grinçant des dents, et je n'aurai pas la joie de vous tuer tous les deux ensemble!... Au fait, reprit-il, j'aurais été trop embarrassé de savoir par lequel des deux commencer!

Puis, descendant les trois ou quatre marches qui conduisaient de la chapelle dans la prison, et voyant la splendide chevelure de Luisa éparse sur ses épaules :

— Ah! dit-il, voilà des cheveux qu'il faudra couper : c'est dommage.

Il s'avança vers la prisonnière.

— Allons, dit-il, levons-nous, il est temps.

Et, d'un geste brutal, il étendit la main pour la saisir sous le bras.

Mais, avant que sa jambe de bois lui eût permis de traverser la salle, la porte des *bianchi* s'était ouverte, et un pénitent vêtu de la longue robe blanche, dont les yeux seuls brillaient à travers les ouvertures de sa cagoule, s'était placé entre le bourreau et la victime, et, étendant la main pour empêcher le beccaïo de faire un pas de plus :

— Vous ne toucherez cette femme que sur l'échafaud, dit-il.

Au son de cette voix, la San-Felice jeta un cri, et, retrouvant des forces qu'elle-même croyait perdues, elle se dressa tout debout sur ses pieds, s'appuyant à la muraille, comme si cette voix, si douce qu'elle fût, lui eût causé plus de terreur que la voix menaçante ou railleuse du beccaïo.

— Il faut qu'elle soit en chemise et pieds nus pour faire amende honorable, répondit le beccaïo ; il faut que ses cheveux soient coupés pour que je lui coupe la tête : qui lui coupera les cheveux ? qui lui ôtera sa robe ?

— Moi, dit le pénitent de sa même voix, tout à la fois douce et ferme.

— Oh ! oui, vous, dit Luisa avec un inexprimable accent, et en joignant les mains.

— Tu entends, dit le pénitent, sors et attends-nous dans la chapelle : tu n'as rien à faire ici.

— J'ai tout droit sur cette femme! s'écria le beccaïo.

— Tu as droit sur sa vie, non pas sur elle; tu as reçu des hommes l'ordre de la tuer; j'ai reçu de Dieu celui de l'aider à mourir; exécutons chacun l'ordre que nous avons reçu.

— Ses effets m'appartiennent, son argent m'appartient, tout ce qui est à elle m'appartient. Rien que ses cheveux valent quatre ducats!

— Voici cent piastres, dit le pénitent, jetant une bourse pleine d'or dans la chapelle pour forcer le beccaïo de l'y aller chercher. Tais-toi, et sors.

Il y eut dans l'âme immonde de cet homme un instant de lutte entre l'avarice et la haine : l'avarice l'emporta. Il passa dans la chambre à côté, jurant et maudissant.

Le pénitent le suivit, tira la porte sans la fermer, mais suffisamment pour dérober la prisonnière aux regards curieux.

Nous avons dit quelle était la puissance des *bianchi* et comment leur protection s'étendait sur les derniers moments des condamnés, qui n'appartenaient au bourreau que lorsqu'ils avaient levé la main de dessus l'épaule du patient et qu'ils avaient dit à l'exécuteur : *Cet homme* (ou *cette femme*) *est à toi*.

Le pénitent descendit lentement les marches de

l'escalier, et, tirant des ciseaux de dessous sa robe, s'approcha de Luisa en les lui montrant.

— Vous ou moi? demanda-t-il.

— Vous! oh! vous! s'écria Luisa.

Et elle se tourna vers lui, de manière qu'il pût accomplir cette suprême et funèbre tâche qu'on appelle la toilette du condamné.

Le pénitent étouffa un soupir, leva les yeux au ciel, et l'on put voir, à travers l'ouverture de son masque de toile, de grosses larmes rouler de ses yeux.

Puis il réunit le plus doucement qu'il put, de sa main gauche, la luxuriante chevelure de la prisonnière en une seule poignée, et, glissant, de la main droite, les ciseaux entre sa main gauche et le cou, en prenant toute précaution pour que le fer ne le touchât point, il coupa lentement cet ornement de la vie, qui devenait un obstacle à l'heure de la mort.

— A qui voulez-vous que ces cheveux soient remis? demanda le pénitent lorsque les cheveux furent coupés.

— Gardez-les pour l'amour de moi, je vous en supplie! dit Luisa.

Le pénitent les approcha de sa bouche, pendant que Luisa ne pouvait le voir, et les baisa.

— Et maintenant, dit Luisa en passant avec un

frisson sa main derrière son cou dénudé, que me reste-il à faire?

— Le jugement vous condamne à l'amende honorable, en chemise et pieds nus.

— Oh! les tigres! murmura Luisa, chez qui la pudeur se révoltait.

Le pénitent, sans dire un mot, rentra dans le vestiaire des *bianchi*, à la porte duquel se promenait une sentinelle, détacha une robe de pénitent, en coupa le capuchon avec ses ciseaux, et, la présentant à Luisa :

— Hélas! dit-il, voilà tout ce que je puis faire pour vous.

La condamnée poussa un cri de joie : elle avait compris que cette robe montant jusqu'à la naissance du cou et s'étendant sur ses pieds, n'était pas une chemise, mais un linceul qui voilait sa nudité à tous les regards et qui étendait à l'avance sur elle le suaire sacré de la mort.

— Je sors, dit le pénitent : vous m'appellerez quand vous serez prête.

Dix minutes après, on entendit la voix de Luisa qui disait :

— Mon père!

Le pénitent rentra.

Luisa avait déposé ses habits sur un escabeau. Elle

était vêtue de sa chemise, ou plutôt de sa robe; elle avait les pieds nus.

L'extrémité de l'un d'eux sortait du bas de la toile : l'œil du pénitent se porta sur la pointe de ce pied si délicat avec lequel elle devait, sur le pavé de Naples, marcher jusqu'à l'échafaud.

— Dieu ne veut pas, dit-il, qu'il manque quelque chose à votre passion... Courage, martyre! vous êtes sur le chemin du ciel.

Et, lui présentant son épaule, sur laquelle la prisonnière s'appuya, il monta avec elle les marches du petit escalier; et, poussant la porte de la chapelle :

— Nous voilà, dit-il.

— Vous y avez mis le temps! dit le beccaïo. Il est vrai que, quand la condamnée est belle...

— Silence, misérable! dit le pénitent : tu as le droit de mort, pas celui d'insulte.

On descendit l'escalier, on passa à travers les trois grilles, on arriva dans la cour.

Douze prêtres attendaient avec les enfants de chœur portant les bannières et les croix.

Vingt-quatre *bianchi* se tenaient prêts à accompagner la patiente, et des moines de plusieurs ordres à couvert sous les arcades devaient compléter le cortége.

La pluie tombait à torrents.

Luisa regarda autour d'elle; elle semblait chercher quelque chose.

— Que désirez-vous ? demanda le pénitent.

— Je voudrais bien un crucifix, demanda Luisa.

Le pénitent tira de sa robe un petit crucifix d'argent suspendu par un ruban de velours noir, et lui passa le ruban au cou.

— O mon Sauveur! dit-elle, jamais je ne souffrirai ce que vous avez souffert ; mais je suis une femme : donnez-moi la force!

Elle baisa le crucifix, et, comme fortifiée par ce baiser :

— Allons, dit-elle!

Le cortége s'ébranla. Les prêtres marchaient les premiers, chantant les prières des morts.

Puis, hideux dans sa joie, riant d'un rire féroce, agitant de la main droite son couperet avec le signe d'un homme qui coupe une tête, s'appuyant de la main gauche sur un bâton pour aider sa marche disloquée, derrière les prêtres, marchait le beccaïo.

Ensuite venait Luisa, le bras droit appuyé sur l'épaule du pénitent et pressant de la main gauche le crucifix sur ses lèvres.

Derrière eux marchaient les vingt-quatre *bianchi*.

Enfin, après les *bianchi*, venaient des moines de tous les ordres et de toutes les couleurs.

Le cortége déboucha sur la place de la Vicaria : la foule était immense.

Des cris de joie accueillirent le cortége, mêlés d'injures et de malédictions. Mais la victime était si jeune, si résignée, si belle ; tant de rapports divers, dont quelques-uns n'étaient pas dénués d'intérêt et de sympathie, avaient couru sur son compte, qu'au bout de quelques instants, les injures et les menaces s'éteignirent peu à peu et firent place au silence.

D'avance la voie douloureuse était tracée. Par la strada dei Tribunali, on gagna la rue de Tolède ; puis on suivit la rue encombrée de monde. Les maisons semblaient bâties de têtes.

A l'extrémité de la rue de Tolède, les prêtres tournèrent à gauche, passèrent devant Saint-Charles, tournèrent le largo Castello, et prirent la via Medina, où était située, on se le rappelle, la maison Backer.

La grande porte avait été changée en reposoir, dont une espèce d'autel, chargé de fleurs de papier et de cierges que le vent avait éteints, formait la base.

Le cortége s'y arrêta et fit autour de Luisa un grand demi-cercle dont elle devint le centre.

La pluie avait trempé sa robe et l'avait collée à ses membres : elle s'agenouilla toute grelottante.

— Priez ! lui dit durement un prêtre.

— Bienheureux martyrs, mes frères, dit Luisa, priez pour une martyre comme vous !

On fit une station de dix minutes, à peu près ; puis on se remit en marche.

Cette fois, la funèbre procession revint sur ses pas, prit la strada del Molo, la strada Nuova, rentra dans le vieux Naples par la place du Marché, et s'arrêta en face du grand mur où les Backer avaient été fusillés.

Le mauvais pavé des quais avait mis en sang les pieds de la martyre, la bise de la mer l'avait glacée. Elle gémissait sourdement à chaque pas qu'elle faisait ; mais ses gémissements étaient couverts par les chants des hommes d'Église. Les forces lui manquaient ; mais le pénitent lui avait passé le bras autour du corps et la soutenait.

La même scène qu'à la porte de la maison se renouvela devant le mur.

La San-Felice s'agenouilla ou plutôt tomba sur ses genoux, fit, mais d'une voix presque éteinte, la même prière. Il était évident qu'à demi épuisée par ses couches récentes, par son voyage sur une mer houleuse, ces dernières fatigues, ces dernières douleurs achevaient de l'épuiser, et que, si elle eût eu à faire encore la moitié du chemin qu'elle avait déjà fait, elle serait morte avant d'arriver à l'échafaud.

Mais elle était arrivée !

Du pied de ce mur, sa dernière station, elle entendait gronder comme un orage les vingt ou trente mille lazzaroni, hommes et femmes, qui encombraient déjà la place du Marché, sans compter ceux qui, pareils à des torrents se jetant dans un lac, y affluaient par ces mille petites rues, par cet inextricable réseau de ruelles qui aboutissent à cette place, forum de la populace napolitaine. Jamais elle n'eût pu passer au milieu de cette foule compacte, si la curiosité n'eût produit ce miracle de lui faire ouvrir ses rangs.

Elle marchait les yeux fermés, appuyée à son consolateur, soutenue par lui, lorsque, tout à coup, elle sentit frissonner le bras qui lui enveloppait le corps. Ses yeux s'ouvrirent malgré elle... Elle aperçut l'échafaud !

Il était dressé en face de la petite église de la Sainte-Croix, juste à l'endroit où fut décapité Conradin.

Il se composait simplement d'une plate-forme

élevée de trois mètres au-dessus du niveau de la place, avec un billot dessus.

Il était découvert et sans balustrade, afin qu'aucun détail du drame qui allait s'y passer n'échappât aux spectateurs.

On y montait par un escalier.

L'escalier, chose de luxe, était là non point pour la commodité de la patiente, mais pour celle du beccaïo, qui, avec sa jambe de bois, n'eût pu gravir à une échelle.

Dix heures sonnaient à l'église de la Sainte-Croix, lorsque, les prêtres, les pénitents et les moines s'étant rangés autour de l'échafaud, la condamnée parvint au pied de l'escalier.

— Du courage ! lui dit le pénitent : dans dix minutes, au lieu de mon bras débile, ce sera le bras puissant de Dieu qui vous soutiendra. Il y a moins loin de cet échafaud au ciel qu'il n'y a du pavé de cette place à l'échafaud.

Luisa rassembla toutes ses forces et monta l'escalier. Le beccaïo l'avait précédée sur la plate-forme, où son apparition, hideuse et grotesque tout à la fois, avait excité une clameur universelle.

Aussi loin que le regard pouvait s'étendre, on ne voyait que des têtes mouvantes, que des bouches ouvertes, que des yeux avides et flamboyants.

Par une seule ouverture, on voyait le quai chargé de monde, et, au delà du quai, la mer.

— Allons, dit le beccaïo en titubant sur sa jambe de bois et en agitant son couperet, sommes-nous prêts, enfin ?

— Quand le moment sera venu, c'est moi qui vous le dirai, répondit le pénitent.

Puis, à la patiente, avec une douceur infinie :

— Ne désirez-vous rien ? demanda-t-il.

— Votre pardon ! votre pardon ! s'écria Luisa en tombant à genoux devant lui.

Le pénitent étendit la main sur sa tête inclinée.

— Soyez tous témoins, dit-il d'une voix haute, qu'en mon nom, au nom des hommes et de Dieu, je pardonne à cette femme.

La même voix rude, qui, devant la maison des Backer avait ordonné à la San-Felice de prier, cria, du pied de l'échafaud :

— Êtes-vous un prêtre, pour donner l'absolution ?

— Non, répondit le pénitent ; mais, pour n'être point prêtre, mon droit n'en est pas moins sacré : je suis son mari !

Et, relevant la condamnée, rejetant en arrière sa cagoule, il lui ouvrit les deux bras, et chacun put reconnaître, malgré l'expression de douleur imprimée sur elle, la douce figure du chevalier San-Felice.

Luisa se laissa tomber en sanglotant sur la poitrine de son mari.

Si endurcis que fussent les spectateurs, bien peu d'yeux restèrent secs à ce spectacle.

Quelques voix, rares il est vrai, crièrent :

— Grâce !

C'était la protestation de l'humanité.

Luisa comprit elle-même que l'heure était venue.

Elle s'arracha des bras de son mari, et, chancelante, elle fit un pas du côté du bourreau en disant :

— Mon Dieu ! je me remets entre vos mains.

Puis elle tomba à genoux, et, posant d'elle-même sa tête sur le billot :

— Suis-je bien ainsi, monsieur ? dit-elle.

— Oui, répondit rudement le beccaïo.

— Ne me faites pas souffrir, je vous prie.

Le beccaïo, au milieu d'un silence de mort, leva le couperet...

Mais, alors, il se passa une chose horrible.

Soit que sa main fût mal assurée, soit que l'arme n'eût pas le poids nécessaire, le premier coup, en tombant, fit une large entaille au cou de la patiente, mais ne trancha point les vertèbres.

Luisa poussa un cri, se releva sanglante et battant l'air de ses bras.

Le bourreau la prit par ce qu'il lui restait de cheveux, la courba sur le billot, et frappa une seconde, une troisième fois, au milieu des imprécations de la multitude, sans parvenir à séparer la tête du tronc.

Au troisième coup, folle de douleur, appelant Dieu et les hommes à son secours, Luisa, toute ruisselante de sang, s'échappa de ses mains, et, s'élançant, allait se jeter au milieu de la foule, lorsque le beccaïo, laissant tomber son couperet et saisissant son couteau d'égorgeur, arme qui lui était plus familière, arrêta la pauvre martyre, en lui faisant une ceinture de son bras, et lui plongea son couteau au-dessus de la clavicule.

Le sang jaillit à flots : l'artère était coupée. Cette fois, la blessure était mortelle.

Luisa poussa un soupir, leva les mains et les yeux au ciel, puis s'affaissa sur elle-même.

Elle était morte.

Dès le premier coup de couperet, le chevalier San-Felice s'était évanoui.

C'était plus que n'en pouvait supporter, sans se

mettre de la partie le peuple du Vieux-Marché, si habitué qu'il fût à de pareils spectacles, Il se rua sur l'échafaud, qu'il démolit en un instant; sur le beccaïo, qu'il mit en pièces en un clin d'œil.

Puis, de l'échafaud, il fit un bûcher, où il brûla le bourreau, tandis que quelques âmes pieuses priaient autour du corps de la victime, déposée au pied du grand autel de l'église del Carmine.

Le chevalier, toujours évanoui, avait été transporté à l'office des *bianchi*.

. . . .

L'exécution de la malheureuse San-Felice fut la dernière qui eut lieu à Naples. Bonaparte, que le capitaine Skinner avait vu passer sur *le Muiron*, selon les prévisions du roi Ferdinand, trompant la vigilance de l'amiral Keith, débarquait, le 8 octobre, à Fréjus; le 9 novembre suivant, il faisait le coup d'État connu sous le nom de 18 *brumaire;* le 14 juin, gagnait la bataille de Marengo, et, en signant la paix avec l'Autriche et les Deux-Siciles, exigeait de Ferdinand la fin des supplices, l'ouverture des prisons, le retour des proscrits.

Pendant près d'un an, le sang avait coulé sur toutes les places publiques du royaume, et l'on évalue à plus de quatre mille les victimes de la réaction bourbonienne.

Seulement, la junte d'État, qui croyait ses sentences sans appel, se trompait. A défaut de la justice humaine, les victimes ont fait appel à la justice divine, et Dieu a cassé ses jugements.

La maison des Bourbons de Naples a cessé de régner, et, selon la parole du Seigneur, les crimes des pères sont retombés sur les enfants jusqu'à la troisième et la quatrième génération.

Dieu seul est grand.

Le capitaine Skinner, ou plutôt frère Joseph — les derniers devoirs rendus à Salvato — rentra au couvent du Mont-Cassin, et les pauvres malades des environs qui l'avaient demandé inutilement pendant trois ou quatre mois, virent briller de nouveau, du crépuscule à l'aurore, une lueur à la fenêtre la plus haute du couvent.

C'était la lampe du moine sceptique, ou plutôt du père désolé, qui continuait de chercher Dieu et qui ne le trouvait pas.

***

Aujourd'hui 25 février 1865, à dix heures du soir,

j'ai achevé ce récit, commencé le 24 juillet 1863, jour anniversaire de ma naissance.

Pendant près de dix-huit mois, j'ai laborieusement et consciencieusement élevé ce monument à la gloire du patriotisme napolitain et à la honte de la tyrannie bourbonienne.

Impartial comme la justice, qu'il soit durable comme l'airain !

NOTE

Pendant le cours de la publication du roman historique qu'on vient de lire, la lettre suivante a été adressée, par la fille de la malheureuse Luisa San-Felice, au directeur du journal *l'Indipendente*, que M. Alex. Dumas publie à Naples, et dans lequel a paru une traduction italienne de *la San-Felice*. Nous reproduisons cette lettre, ainsi que la réponse qu'y a faite M. Dumas, persuadés que ces curieux documents seront lus avec un vif intérêt.

Les Éditeurs.

A M. le Directeur de l'Indipendente, *à Naples.*

« Monsieur le directeur,

» Fille de Luisa Molina San-Felice, choisie pour sujet d'un roman que M. Dumas publie dans *l'Indipendente,* je sens le double devoir de revendiquer la véritable paternité de ma mère et de rectifier d'autrès inexactitudes dans un roman qui veut être historique, l'histoire n'ayant jamais faussé l'âge ni les circonstances essentielles des personnes qu'elle se prend à décrire. Et, si j'accomplis un peu tard ce devoir, la raison en est que je mène une vie retirée et non occupée certainement à la lecture des journaux.

» Sachez donc, et je puis vous le démontrer par des documents, que Luisa était fille de M. Pierre Molina et de madame Camille Salinero, mariés. Elle naquit le 28 février 1764, dans une maison contiguë à la paroisse de Santa-Anna di Palazzo, où elle fut baptisée. M. André delli Monti San-Felice, mari de Luisa Molina, naquit le 31 mars 1763, dans l'arrondissement de la paroisse de San-Liborio, où il fut baptisé. Il n'y eut donc pas entre lui et sa femme cette disparité prononcée d'âge que l'historien-romancier affirme, et le mariage fut contracté le 9 septembre 1781, dans la paroisse de San-Marco di Palazzo.

» Enfin, la dot de la Molina ne fut point de cinquante mille ducats; mais ses parents lui en assignèrent une de six mille ducats, comme il résulte du contrat passé par maître Donato Cervelli.

» Ces renseignements auraient été donnés à

M. Dumas, à seule fin d'épargner une qualification injurieuse à la Molina, — puisque, en vertu de la liberté de la presse, je ne puis empêcher la publication du roman, — s'il les avait demandés, sans se contenter d'affirmer, contre toute vérité, dans l'*Histoire des Bourbons de Naples*, pages 120 et 121, qu'il est venu chez moi et que j'ai renié ma mère et lui ai refusé tout éclaircissement.

» Veuillez donc publier la présente, et rectifier, dans l'édition que vous faites du roman, une filiation peu honorable pour ma famille, un âge contredit par les documents de naissance et une dot tout à fait imaginaire.

» La loyauté avec laquelle vous procédez me rend sûre que vous voudrez bien faire toutes ces corrections, dont je vous remercie d'avance.

» Votre très-dévouée,

» Maria-Emmanuela delli Monti San-Felice.

» Naples, 25 août 1864.

Voici la réponse de M. Alex. Dumas à cette lettre :

« Madame,

» Si, dans le roman de *la San-Felice*, je me suis, en vertu des priviléges du romancier, écarté de la vérité matérielle pour me jeter dans le domaine de l'idéal, j'ai, au contraire, dans mon *Histoire des Bourbons de Naples*, suivi autant qu'il m'a été possible, cette voie sacrée du vrai de laquelle ne doit, sous aucun prétexte, s'écarter l'historien.

» Je dis autant qu'il m'a été possible, madame, parce que Naples est la ville où il est le plus facile de se perdre en marchant à la suite de l'histoire, et en essayant de suivre ses traces. C'est pourquoi j'avais résolu de m'adresser directement à vous, qui, comme fille de la malheureuse victime de Ferdinand, me paraissiez la plus intéressée à ce que, pour la première fois, le jour se fît sur cette ténébreuse et sanglante aventure. J'essayai alors de parvenir jusqu'à vous, madame; la chose me fut impossible. Je chargeai un ami, votre compatriote, M. F., de me suppléer : il eut l'honneur de vous dire dans quel but il désirait vous voir et quel était le renseignement qu'il tenait à recevoir de vous ; mais il lui fut fait, de votre part, m'assure-t-il, une réponse si peu respectueuse pour la mémoire de madame votre mère, que, malgré son assurance, je ne pus croire que cette réponse vînt de vous. Je résolus donc de voir quelques personnes contemporaines de la martyre et de joindre aux renseignements renfermés dans Coletta, dans Cuoco et dans les autres historiens, ceux qui pourraient m'être donnés de vive voix.

» Je vis, à cette occasion, un vieux médecin de quatre-vingt-deux ans, dont j'ai oublié le nom, et qui soignait le jeune prince delle Grazie, marié depuis, une tante de madame la princesse Maria, et enfin le duc de Rocca-Romana, Nicolino Caracciolo, qui habitait au Pausilippe.

» Grâce à eux, je pus, à votre refus, madame, obtenir, pour mon *Histoire des Bourbons de Naples*, quelques renseignements que je crois exacts et contre lesquels, du moins, vous n'avez point protesté.

» Mais, je vous le répète, madame, le champ ouvert au romancier est plus large que le chemin tracé à l'historien. En abordant, dans une publication de fantaisie et d'imagination, la déplorable période au milieu de laquelle tomba madame votre mère, j'ai voulu, pour ainsi dire, et par un sentiment de pure délicatesse, idéaliser les deux personnages principaux de mon livre, les deux héros de mon récit. J'ai voulu qu'on reconnût Luisa Molina, mais comme on reconnaissait, dans l'antiquité, les déesses qui apparaissaient aux mortels, c'est-à-dire à travers un nuage. Ce nuage devait enlever à cette apparition tout ce qu'elle aurait pu avoir de matériel. Il devait isoler le personnage de ses liens de famille, afin que ses plus proches parents le reconnussent, mais comme on reconnaît une ombre qui sort du tombeau et qui, redevenue visible, reste du moins impalpable.

» Voilà, pourquoi, madame, je lui ai créé cette filiation tout imaginaire du prince Caramanico, et cela, parce que, voulant faire de Luisa Molina une créature à part qui fût l'assemblage de toutes les perfections, je voulais détourner sur elle un des rayons poétiques qui environnent le souvenir d'un homme qui a, chose rare, en se mêlant à l'histoire de Ferdinand et aux amours de Caroline, conservé l'auréole vaporeuse de la passion, de la loyauté et du malheur.

» Quant à cela, madame, si c'est une faute, j'avoue l'avoir commise sciemment, et, persévérant dans mon erreur, j'ajouterai que, si mon roman était à faire au lieu d'être fait, votre réclamation, toute juste qu'elle est, ne me ferait rien changer à cette partie de mon récit.

» Quant au second personnage que j'ai mis en scène et que j'ai baptisé du nom de Salvato Palmieri, inutile de dire que je sais parfaitement qu'il n'a jamais existé ou que, s'il a existé, ce n'est point dans les conditions où l'a placé ma plume.

» Mais aurez-vous le courage, madame, de me

faire le reproche de n'avoir pas fait revivre le personnage peu sympathique de Ferdinand Ferry, volontaire de la mort en 1799 et ministre de Ferdinand en 1848 ? Ferdinand Ferry, par malheur, n'était point un héros de roman, et peut-être cet amour immodéré que lui portait la chevalière San-Felice, et qui lui fit trahir le secret à elle confié par le malheureux Backer, eût été assez invraisemblable pour nuire à l'intérêt presque original que je voulais conserver à cet amour ; car il me semble, à moi, qu'écrivant cette douloureuse et sympathique histoire, je devais faire de l'héroïne non-seulement une martyre, mais encore une sainte. L'amour, à un certain point de vue, est une religion : lui aussi a ses saints, madame, et, de ces saints-là, je ne vous en citerai que deux, qui ne sont pas les moins éloquents et les moins adorés du calendrier. Ces deux saints sont sainte Thérèse et saint Augustin, et vous voyez que j'oublie la sainte la plus populaire de toutes, celle à laquelle, en récompense de cet amour qui lui avait fait beaucoup pardonner, Jésus, ressuscité, daigne apparaître ; vous voyez que j'oublie la Madeleine.

» Passons au chevalier San-Felice. Au milieu de toutes les sanglantes exécutions de 99, il reste aussi complétement inaperçu que ce fameux Vatia dont la tour s'élève au bord du lac Fusaro et dont Sénèque disait : *O Vatia, solus scis vivere!* Son pâle fantôme n'est animé ni par la haine ni par la vengeance. Le seul reflet qu'il reçoive des amours adultères de sa femme et de Ferry n'est pas même un reflet sanglant, et, dans ce cas, vous le savez, quand on n'est point le don Guttière de Calderon, on est le Georges Dandin de Molière. J'ai fait mieux que cela, je crois, du héros imaginaire que j'ai créé. J'en ai fait, non pas un mari cruel ou ridicule, j'en ai fait un père dévoué. S'il est, dans mon livre, plus vieux d'années qu'il n'était, il est, en même temps, plus riche de vertus, et lui, non plus que votre mère, madame, n'aura point à se plaindre à la postérité d'avoir glissé de la plume de l'histoire à celle du poëte et du romancier.

» Et, dans l'avenir, madame, dans cet avenir qui est le véritable et probablement le seul Élysée où revivent les Didon et les Virgile, les Francesca et les Dante, les Herminie et les Tasse, quand quelque voyageur demandera : « Qu'est-ce que la San-Felice ? » au lieu de s'adresser, comme moi, à quelqu'un de sa famille, qui répondrait comme il m'a été répondu, à moi : *Ne me parlez pas de cette femme, j'en ai honte!* on ouvrira mon livre, et, par bonheur pour la renommée de cette famille, l'histoire sera oubliée, et c'est le roman qui sera devenu de l'histoire.

» Veuillez agréer, madame, l'hommage de mes sentiments les plus distinguées.

» ALEX. DUMAS.

« Saint-Gratien, 15 septembre 1864. »

FIN

TABLE

LXXXIII.	— La reconnaissance royale.	1
LXXXIV.	— Ce qui empêchait le colonel Mejean de sortir du fort Saint-Elme avec Salvato, pendant la nuit du 27 au 28 juin.	16
LXXXV.	— Où il est prouvé que frère Joseph veillait sur Salvato.	27
LXXXVI.	— La bienvenue de Sa Majesté.	31
LXXXVII.	— L'apparition.	54
LXXXVIII.	— Les remords de fra Pacifico.	68
LXXXIX.	— Un homme qui tient sa parole.	80
XC.	— La fosse du crocodile.	97
XCI.	— Les exécutions.	118
XCII.	— Le tribunal de Monte-Oliveto.	133
XCIII.	— En chapelle.	153
XCIV.	— La porte Sant'Agostino-alla-Zecca. . . .	166
XCV.	— Comment on mourait à Naples en 1799. .	179
XCVI.	— La goëlette *the Runner*.	191
XCVII.	— Les nouvelles qu'apportait la goëlette *the Runner*.	200
XCVIII.	— La femme et le mari.	214
XCIX.	— Petits événements groupés autour des grands.	230

TABLE

C. — La naissance d'un prince royal. 239
CI. — Tonito Monti. 250
CII. — Le geôlier en chef. 261
CIII. — La patrouille. 270
CIV. — L'ordre du roi. 281
CV. — La martyre. 292
     Note 314

Poissy. — Typ. S. Lejay et Cie.

www.ingramcontent.com/pod-product-compliance
Lightning Source LLC
Chambersburg PA
CBHW060352170426
43199CB00013B/1847